韓国語読解
ポイント100

初級から中級編

油谷幸利・金亨貞 著

白帝社

はじめに

　本書が対象とする読者は，初級段階の文法を一通り終えたけれども韓国語読解の練習をする機会があまりなかった人，多少は読解の練習をしたけれどももう一度文法を整理しながらきちんとやり直したい人，などです。筆者（油谷）が韓国語の勉強を始めたころには더운や몰라요などの活用形を独力で덥다や모르다に戻せない限り辞書すら引けないという状況でしたが，30年近く前になってようやく変則活用の変化形が辞書の見出し語として収録されるようになりました。とはいうものの，活用形を独力で原形に戻せる力を養っておくことの重要性はまったく変わっていません。韓国語は語順が日本語と似ているので，適当に助詞や助動詞をつけてそれらしくつないでおけば活用形に対する知識が多少曖昧でも何とか日本語になってしまいますが，それではいつまでたっても文献を正しく読みこなす力がつきません。本書の中には中級レベルの問題も混じっていますが，初級レベルの表現を確認しながら中級レベルへの橋渡しとなるような問題を提供しています。外国語学習は背伸びをするぐらいでないと上達しません。勇気をもって挑戦してみてください。

　本書は各 LESSON で文法を段階的に整理しながら，それぞれのテーマに沿った読解の練習を行うという形式を取っています。また，活用形を原形に戻すための手順を詳しく解説すると共に，活用形を原形に戻す練習問題も豊富に提供しました。ポイント100では複数の原形の可能性が存在する場合だけでなく，名詞＋助詞に分析できる場合についても解説しておきました。この手順は一度基本を身に着けてしまえば様々な活用形に応用できますので，この機会に是非とも習熟なさってください。本書の元になったプリント教材は，同志社大学において2年次生向けの授業で使用したものです。これらの授業において受講生諸君が発表してくれた解答は，本書の内容を高める上で大いに役に立ちました。

最後に白帝社編集部の伊佐順子さんには大変お世話になりました。記して感謝の意を表します。

2020年7月

著者識

目次

記号について

本書では，単に正解や別解を提示するだけではなく，間違いの例やそれがなぜ間違いであるのかという理由を豊富に示すことを心がけた。「はじめに」に示したように，各 LESSON で提示した練習問題は日韓対照言語学の最新の研究成果に基づいて綿密に計算された問題ばかりであるが，必ずしも万人に納得していただける解答を提示できていないかも知れない。しかしそのことはとりもなおさず，類書では扱いきれていない挑戦的な課題を提供しているということを意味している。頻度の高い表現があれば，可能な限り別解を豊富に示すことを心がけた。また，別解はなるべく最初に示されている方がより使用頻度の高いものになるように心がけた。読解のポイントを参照する場合には「ポイント❺を参照」のように示した。なお，解説に際してスペースを節約するために省略記号を用いた。以下に省略記号の意味を説明しておく。

記号	記号の説明	例の番号
{ / }	別解を示す	《例1》
（ ）	あってもなくても構わない要素につける。 または，言葉を説明するときにつける。	《例2》 《例3》
*	文法的に間違っている文の前に付ける。	《例4》
??	文法的には間違っていないが，不自然な文の前に付ける。	《例5》

省略記号の例

《例1》「うちの子供が { 私に向かって / 私のほうに } 走ってきました。」は，「うちの子供が私に向かって走ってきました。」または「うちの子供が私のほうに走ってきました。」のいずれもが可能であることを示している。

《例2》「その鉛筆はあの鉛筆より（も）短いですか。」は「その鉛筆はあの鉛筆より短いですか。」または「その鉛筆はあの鉛筆よりも短いですか。」のいずれもが可能であることを示している。

《例3》「プサン（釜山）」は「プサン」の漢字表記が「釜山」であることを示している。

《例4》「* 空がは青い」は「空がは青い」が文法的に誤りであることを示している。

《例5》「?? 昔には空き地がたくさんありました。」は日本語として不自然である事を示している。

ポイント100
LESSON
01~10

LESSON

01 格式丁寧体現在

1 1 格式丁寧体

初級段階で最初に学ぶ文法項目の一つが格式丁寧体です。格式丁寧体は「합니다体，上称，最敬体，합쇼体」などとも呼ばれます。聞き手に対する最も高い敬意を含む表現で，目上の相手や初対面の相手に対して，改まった場面などで用います。日本語では「笑います，熱いです，健康です，山です」など，「ですます体，敬体」と呼ばれるスピーチレベルに相当します。本書が합니다体という用語を用いないのは，格式（改まっている）丁寧体（丁寧な言い方）と言うほうが，どのような場面で用いられるスピーチレベルなのかが明確になるという点と，합니다というのは格式丁寧体が持つさまざまな形式の一面しか表していないという点（格式丁寧体には합니다だけでなく합니까や했습니다なども含まれる）や，가다を합니다体に変えなさいという問題を出すと가합니다と書く人がいる，などの理由によります。

以下ではいくつかの文法用語を解説しておきます。

用言……動作・作用・性質・状態を表す語。活用し，文の述語となる。韓国語の用言には動詞・形容詞・存在詞・指定詞の4種類がある[1)]。

原形……用言が辞書に登録されている形を言う。原形は必ず－다で終わる[2)]。

1）ちなみに日本語の用言には「動詞・形容詞・形容動詞」の3種類があります。

2）日本語では動詞は「ウ段」で，形容詞は「イ」で，形容動詞は「ダ」で終わるという特徴があります。

語幹……用言の原形から語末の −다を取り除いた残りの部分を言う。

母音語幹用言……語幹が母音で終わっている用言を言う。

ㄹ語幹用言……語幹がㄹで終わっている用言を言う。

子音語幹用言……語幹がㄹ以外の子音で終わっている用言を言う。

活用……語幹に様々な語尾がつくことによって丁寧・命令・仮定・並列・逆接などさまざまな意味を付け加える。これを用言の活用と呼ぶ。

1　2　格式丁寧体現在

（1）作り方

語幹＋格式丁寧体語尾（平叙形・疑問形）

（2）平叙形

語幹の種類	平叙形	例
母音語幹用言	ㅂ니다	만나다 会う → 만납니다 아프다 痛い → 아픕니다
ㄹ語幹用言	ㅂ니다	만들다 作る → 만듭니다 길다 長い → 깁니다
子音語幹用言	습니다	앉다 座る → 앉습니다 높다 高い → 높습니다

(3) 疑問形

語幹の種類	平叙形	例
母音語幹用言	ㅂ니까	배우다 学ぶ → 배웁니까 예쁘다 美しい → 예쁩니까
ㄹ語幹用言	ㅂ니까	울다 泣く → 웁니까 달다 甘い → 답니까
子音語幹用言	습니까	찾다 探す → 찾습니까 덥다 暑い → 덥습니까

1 3 指定詞 이다

体言に続いて「～だ」という意味を表す用言を指定詞と呼びます。韓国の学校文法では独立性が弱いことと，母音で終わる体言の後で指定詞の語幹이がしばしば脱落することから用言とは認めず, 이を叙述格助詞と定義しています。しかしながら이다は述語の位置に立ち，時制活用をし，連体形になるなど，用言の機能を有することから，日本における韓国語研究者の大部分は指定詞という用言を認めています。

指定詞は母音語幹なので입니다/입니까と活用しますが，上述のように体言に続けて書かれる点と，母音で終わる体言の後で語幹이が脱落することがあるという点が特殊です。

1) 이것은 누구 지갑입니까?

これは誰の財布ですか。

(子音の後なので이は脱落しない)

2) 이것은 어머니의 { a. 모자입니다 / b. 모잡니다 }.

これは母の帽子です。

（母音の後なので이は脱落することがある）

1 4 転成　이/가 되다

体言に続いて「～になる」という意味を表す構文を転成と呼びます。体言に主語を表す「が」に相当する助詞と同じ助詞を付けるので，「～がなる」と誤訳しないように注意しましょう。

3) 농촌이 발전해서 도시가 됐습니다.

農村が発展して都市になりました。

4) 저 선수가 챔피언이 됐습니다.

あの選手がチャンピオンになりました。

1 5 並列の語尾　－고

語幹に接続して文や句を対等の関係で結びつけます[3)]。

5) 동수가 피아노를 치고 은수가 노래를 부릅니다.

トンスがピアノを弾き，ウンスが歌を歌います。

6) 이 김치는 맵고 짭니다.

このキムチは辛くて塩辛いです。

3) 対等の関係なので고の前後を入れ替えても意味は変わりません。
은수가 노래를 부르고 동수가 피아노를 칩니다.
ウンスが歌を歌いトンスがピアノを弾きます。

7) 이것이 어머니의 { a. 모자이고 / b. 모자고 } 저것이 제 모자입니다.

これが母の帽子で，あれが私の帽子です。

参考

用例 7) からも分かるように，文末と同様に並列の語尾 −고の前においても，母音で終わる体言の後で指定詞の語幹이が脱落することがあります。

1 6 助数詞

物の数を数える時は，「一本，三冊，五枚」など，それぞれの物に応じた単位を用いますが，これを助数詞と呼びます。

順序を表すときには漢数詞を用い，個数を表すときには固有数詞を用いるのが原則です。そこで，3번を삼 번と読めば順序の3番という意味になり，세 번と読めば回数の3回の意味になります。同様に5페이지を오 페이지と読めば5番目のページの意味になり，다섯 페이지と読めば5ページの分量の意味になります。年月日を漢数詞で読むのも順序を示すからです。

しかしながら，「〜時」は固有数詞を用いるし，金額やm，kgなどの外来語系の単位は常に漢数詞を用いるというように例外もあります。また，人数は少なければ한 명，두 명のように数えますが，多くなれば오십명のように漢数詞で数えることもあります。以下に，主な助数詞を示しておきます。

(1) 日付と時刻

「〜時」のみ固有数詞を用い，それ以外はすべて漢数詞で数えます。ただし，6月と10月は特別な形になります。

2019年10月31日　이천십구 년 시월 삼십일 일

5時17分48秒　다섯 시 십칠 분 사십팔 초

(2) 価格と度量衡

値段と長さ・重さ・体積などの外来語の助数詞を用いるものは漢数詞で数えます。

1560 ウォン	천오백육십 원
3 m 42㎝	삼 미터 사십이 센티
8kg	팔 킬로 (그램)
700g	칠백 그램
900cc	구백 시시

(3) 個数

上で説明したように，個数を数えるときは固有数詞を用います。

犬 1 匹：개 한 마리

本 2 冊：책 두 권（巻）

りんご 3 個：사과 세 개

牛乳 4 本：우유 네 병（瓶）

人 10 名：사람 열 명

歳 19 歳：나이 열아홉 살

切手 5 枚：우표 다섯 장（張）

読解のポイント　1－10

❶「住む」と「暮らす」

日本語では「住む」と「暮らす」は類義語ではあるものの明らかに別の単語です。韓国語では両者を区別せずに살다の一語で済ませていますが，助詞を使い分けることによって両者のニュアンスを区別しています。

1）京都に住んでいます。　　교토에 삽니다.（에=に，静的）

2）京都で暮らしています。　교토에서 삽니다.（에서=で，動的）

❷ ～에 가다/오다と～를 가다/오다

日本語では「名古屋に行く」と「スキーに行く」の「に」を区別しませんが，韓国語においては以下のような区別があります。

① 場所名詞＋에 가다/떠나다/오다　など
② 動作名詞＋를/을 가다/다니다/오다　など

3) 버스로 학교에 다닙니다.　バスで学校に通います。

4) 바다로 낚시를 갑니다.　海に釣りに行きます。

参考

1．①の強調形では「場所＋를 / 을 가다」になることがあります。

어디를 가요?　どこに行くんですか。

2．②낚시를とは「釣り」という場所ではなく，そのような動作をしに行くと考えるとわかりやすいです。

3．①と②の違いは，英語の go to school と go fishing の違いに相当します。

❸ 의の不使用〈1〉

上下・前後などの位置関係を示す名詞を「位置名詞」と呼びます。韓国語においては，位置名詞の前で，「の」に相当する助詞 의を用いないのが大きな特徴です。「脱落する」のではなく，最初から「用いない」というのがポイントです。

5) 동생이 나무 뒤에 숨었습니다.　弟が木の後ろに隠れました。

6) 고양이는 방 안에 없습니까?　ネコは部屋の中にいませんか。

❹ 내년에는

日本語では時の名詞の後で「に」を落とすことがあるのに対して，韓国語では時を示す名詞には「어제 昨日，오늘 今日，내일 明日」などごく一部の名詞を除いて助詞「에 に」を付けるのが原則です[4)]。従って日本語に訳す際には「に」を除いて訳すほうが自然になる場合があります。

7) 내년에는 유럽에 유학 갑니다.

{ a. 来年は / b. ?? 来年には } ヨーロッパに留学に行きます。

8) 옛날에는 빈터가 많이 있었습니다.

{ a. 昔は / b. ?? 昔には } 空き地がたくさんありました。

4) 英語でも日曜日や9月には on Sunday，in September のように前置詞を付けるが，今日や昨日は日本語と同様に前置詞をつけずに today，yesterday だけで用いるのはよく知られています。

読解のポイント　1－10

❺ 내년에도

❹と同様に，日本語では時の名詞の後で「にも」が「も」になることがあるのに対して，韓国語では助詞「에 に」を付けるのが原則です。

9) 내년에도 시험을 칩니다.

{a. 来年も / b.* 来年にも} 試験を受けます。

❻ －습니다/습니까〈1〉

－습니다/습니까の場合は，子音語幹に戻ると考えれば 99.9%以上正解です。

10) 작습니다 → 작다　小さい，입습니까 → 입다　着る

唯一の例外は녹습니다で，これは「녹다 溶ける」の可能性と「녹슬다 錆びる」の可能性があります。なお，語幹がㅅで終わる用言は存在しないので，녹스다の可能性を考慮する必要はありません。

❼ －습니다/습니까〈2〉

用言に関する限り，－습니다/습니까の場合は基本的に子音語幹に戻ります。ところが，語幹がㅅで終わる用言は存在しませんがㅅで終わる外来語の名詞が存在するので❻で解説したことが子音語幹の場合にも当てはまります。

11) 버습니다 → 버스+이다　バスだ

12) 팩습니까 → 팩스+이다　ファックスだ

❽ 이/가と「は，が」

日本語では新情報に「が」が付き旧情報に「は」が付く，と説明されることがありますが,「今日，ここ，これ」などは初出であっても「は」がつきます。しかしながら韓国語では初出であれば「今日，ここ，これ」などにも이/가が付くので, 이/가を「が」ではなく「は」で訳す方が自然な日本語になることがあるという点は知っておく方が良いでしょう。

13) 이것이 무엇입니까?

{a. これは / b.* これが} 何ですか。

14) 오늘이 혜경 씨 생일이죠?

{a. 今日は / b.* 今日が} ヘギョンさんの誕生日でしょう?

❾ 動詞の終止形の訳し方

15) 후지산이 보입니다.　　富士山が見えます。

16) 개가 짖습니다.　　犬が吠えています。

16) を「犬が吠えます」と訳すと日本語として不自然ですね。韓国語では単なる終止形を「ている」で訳すほうが自然な場合があります。

❿ 이/가と은/는の交替〈1〉

一つの名詞に「が」と「は」が同時に付かないのと同じように、韓国語においても一つの名詞に이/가と은/는が同時に付くことはありません。

17) {a. 空が / b. 空は / c.* 空がは} 青い。

18) {a. 하늘이 / b. 하늘은 / c.* 하늘이는} 푸르다.

基本読解練習 1 日本語に訳してみよう。

1) 나는 주말에는 대개 하루 종일 도서관에서 시간을 보냅니다.

2) 우리 집은 학교에서 가깝습니다.

3) 코끼리는 코가 깁니다.

4) 저것은 페트병 회수 박습니다.

5) 그 연필은 저 연필보다 짧습니까?

6) 목이 아프고 기침이 납니다.

7) 스즈키 선생님의 수업은 너무 재미있습니다 .

8) 12 일부터 15 일까지 가게 문을 닫습니다 .

9) 토요일하고 일요일에는 집에서 쉽니다 .

10) 이것은 우리 나라 최고의 종입니다 .

発展読解練習 1 日本語に訳してみよう。

제 취미는 음악입니다. 제 방에는 음악 시디가 아주 많습니다. 휴일에는 동생과 같이 자주 콘서트를 보러[1] 갑니다. 가끔 기타도 칩니다. 제 두 번째 취미는 독서입니다. 소설 중에서는 추리 소설을 가장 좋아합니다. 특히 아가사 크리스티[2]의 작품은 최곱니다. 등장 인물들이 다 생생합니다. 메이플 부인[3]은 하루 종일 집에 있는데[4] 사람들 이야기만 듣고[5] 사건을 해결합니다. 아주 신기합니다. 저는 간혹 전철 안에서 책을 읽습니다. 금방 책에 몰두합니다. 그래서 한번은 내려야 할[6] 역을 지나쳐 버렸습니다[7]. 저도 언젠가는 소설을 쓰고 싶습니다[8].

語句

1) 보러：見に

2) 아가사 크리스티：イギリスの有名な推理小説作家

3) 메이플 부인：マープル夫人

4) 있는데：いるのに

5) 듣고：聞いて

6) 내려야 할：降りるべき

7) 지나쳐 버렸습니다：通り過ぎてしまいました

8) −고 싶다：〜したい

内容確認問題 正しい答えを選ぼう。

1) 필자는 무엇을 가장 좋아합니까?

① 영화　　② 책　　③ 음악　　④ 공부

2) 메이플 부인은 사건을 어떻게 해결합니까?

① 사람들의 이야기를 분석합니다.　　② 직접 사건 현장을 조사합니다.

③ 감옥에서 용의자에게 질문합니다.　　④ 컴퓨터를 이용합니다.

3) 필자의 꿈은 무엇입니까? [語幹+는 것입니다 〜(する)ことです]

① 동생과 같이 콘서트를 여는 것입니다. [여는＜열다]

② 악기를 연주하는 것입니다.

③ 문학 작품을 쓰는 것입니다.

④ 전철을 운전하는 것입니다.

実用文読解 1

日本と韓国で春を象徴する花は何ですか。

일본에서는 봄(가) 되면 벚꽃놀이를 즐기는 사람들(나) 여기저기 매우 붐빕니다. 일기예보(다)는 매일 일본 열도 곳곳의 벚꽃 개화 시기를 알려 줍니다. 이 시기 도쿄의 우에노 공원(라) 가면 미리 자리를 잡아 놓고 혼자서 동료들을 기다리는 신입 사원을 종종 볼 수 있습니다[1]. 전국 각지에 벚꽃 명소가 많지만 교토의 벚꽃이 특히 유명합니다. 평소에도 관광객이 많은 교토는 벚꽃 철(가) 되면 그야말로 발디딜 틈도 없이[2] 사람들로 넘쳐 납니다[3]. 벚꽃은 질 때 한순간 미련없이 집니다. 일본 사람들은 벚꽃의 이런 모습(마) 아름다움을 느끼는 것 같습니다[4].

한국에서도 봄(가) 되면 벚꽃 구경(바) 가는 사람들이 많습니다. 서울의 여의도[5]와 남쪽의 진해라는[6] 도시가 벚꽃(사) 유명합니다. 그렇지만 오랜 기간 한국에서 봄을 상징하는 대표적인 꽃은 진달래와 개나리였습니다. 진달래는 주로 산에 피는 꽃입니다. 김소월[7] 시인의 ‘진달래꽃’이라는 시는 한국 사람이라면[8] 아마 모르는 사람이 없을 겁니다[9]. 교과서에도 실려 있습니다. 개나리는 동네에서 흔히 볼 수 있는 꽃나무입니다. 노란[10] 개나리가 피면 한국 사람들은 봄이 왔다고[11] 느낍니다. 아이들이 자주 부르는 ‘봄나들이’라는 동요가 있는데[12] 그 노랫말은 ‘나리나리 개나리 입에 따다[13] 물고요[14]. 병아리떼 종종종[15] 봄나들이 갑니다.’입니다. 노란 병아리가 노란 개나리꽃을 물고 봄나들이(아) 가는 모습을 표현한 것입니다. 병아리와 개나리의 노란색이 이미지가 비슷해서 유치원생이나 초등학교 일학년을 개나리에 빗대어서[16] 말하기도 합니다.

語句

1) ㄹ/을 수 있다 : できる

2) 발디딜 틈도 없이 : 足の踏み場もないほど

3) 넘쳐 나다 : 溢れかえる

4) 는 것 같다 :（する）ようだ

5) 여의도 : 汝矣島

6) 진해라는 : 鎮海という

7) 김소월 : 金素月

8) 이라면 : であれば

9) 을 겁니다 : でしょう

10) 노란 : 노랗[다]＋은（連体形）［5.6（3）参照］

11) 왔다고 : 오[다]＋았（過去）＋다（文末形）＋고（引用の助詞）
来たと

12) 있는데 : ありますが

13) 따다 : 따다가 摘んで

14) 물고요 : くわえてですね

15) 종종종 : 小またで・小走りに

16) 빗대어서 : なぞらえて

穴埋め問題（　　　）に入れる助詞として正しいものを選びなさい。

(가)	① 에서	② 로	③ 이	④ 에
(나)	① 에서	② 로	③ 이	④ 에게
(다)	① 에서	② 로	③ 에	④ 까지
(라)	① 에서	② 으로	③ 이	④ 에
(마)	① 에서	② 으로	③ 에	④ 에
(바)	① 에서	② 으로	③ 에	④ 을
(사)	① 에서	② 으로	③ 에	④ 을
(아)	① 에서	② 로	③ 에	④ 를

LESSON

02 格式非丁寧体

2 1 格式非丁寧体

読解の基本となるのが格式非丁寧体です。格式非丁寧体は「한다体，下称，ぞんざい体，해라体」などとも呼ばれ，聞き手に対する敬意が全く含まれない表現で，文章や子供に対して用います。日本語では「笑う，熱い，健康だ，山だ」など，「だである体，常体」と呼ばれるスピーチレベルに相当します。入門教材では後半で紹介される文法項目ですが，新聞・雑誌をはじめとして論説文は基本的に格式非丁寧体で書かれているので，読解教材という本書の性格上，早い段階で解説します。

本書が한다体という用語を用いないのは，格式丁寧体に関して述べたのと同じ理由です。つまり，格式（改まっている）非丁寧体（丁寧でない言い方）と言う方が，どのような場面で用いられるスピーチレベルなのかが明確になるという点と，한다というのは格式非丁寧体が持つさまざまな形式の一面しか表していないという点（格式非丁寧体には한다だけでなく하는가や하자なども含まれる），가다を한다体に変えなさいという問題を出すと가한다と書く受講者がいる，などの理由によります。

2 2 格式非丁寧体現在

（1）平叙形

❶ 動詞

語幹の種類	平叙形	例
母音語幹用言	ㄴ다	가다 行く → 간다
ㄹ語幹用言	ㄴ다	울다 泣く → 운다
子音語幹用言	는다	씻다 洗う → 씻는다

❷ 形容詞・存在詞・指定詞

語幹の種類	平叙形	例
すべて	다	아프다 痛い → 아프다
		길다 長い → 길다
		낮다 低い → 낮다

参考

1. 動詞のㄹ語幹では語幹末のㄹが脱落し，母音語幹と同じ形式になります。
2. 形容詞・存在詞・指定詞では原形と同じ形式になります。
3. 母音で終わる体言の後では指定詞の語幹이が脱落することがあります。
   모자이다 帽子だ → 모자다

(2) 疑問形　A/B

❶ 動詞・存在詞

語幹の種類	疑問形 A/B	例
母音語幹	는가 / 느냐	가다 → 가는가 / 가느냐
ㄹ語幹	는가 / 느냐	울다 → 우는가 / 우느냐
子音語幹	는가 / 느냐	씻다 → 씻는가 / 씻느냐

参考　親しみを込めた表現では느냐の代わりに니が用いられます。

❷ 形容詞・指定詞

語幹の種類	疑問形 A/B	例
母音語幹	ㄴ가 / 냐	아프다 → 아픈가 / 아프냐
ㄹ語幹	ㄴ가 / 냐	길다 → 긴가 / 기냐
子音語幹	은가 / 으냐	낮다 → 낮은가 / 낮으냐

参考

1. 動詞・形容詞共に，疑問形ではㄹ語幹と母音語幹が同じ形式になります。
2. 母音で終わる体言の後では指定詞の語幹 이 が脱落することがあります。
   모자인가 帽子か → 모잔가
3. A は文末でのみ用いられ，B は文末および引用文の両方で用いられます。
4. 親しみを込めた表現として 냐/으냐 の代わりに 니/으니 が用いられます。

（3）平叙形の原形への戻し方

❶ パッチム＋는다は子音語幹の動詞に戻る。

例1 먹는다 → 먹다 食べる

例2 찾는다 → 찾다 探す

❷ 母音＋다またはㄴ以外のパッチム＋다は形容詞・存在詞・指定詞に戻る。

例3 싸다 → 싸다 安い

例4 책이다 → 책＋이다 本＋だ

例5 길다 → 길다 長い

例6 있다 → 있다 ある・いる

❸ 母音＋ㄴ다は母音語幹またはㄹ語幹の動詞に戻る。

例7 싼다 → 싸다 包む

例8 운다 → 울다 泣く

例9 깐다 → 까다 剥く・깔다 敷く

(4) 疑問形の原形への戻し方

❶ パッチム＋는가/느냐は子音語幹の動詞または存在詞に戻る。

例1 먹는가　→ 먹다 食べる

例2 있느냐　→ 있다 ある・いる

❷ 母音＋는가/느냐は母音語幹またはㄹ語幹の動詞に戻る。

例3 보는가　→ 보다 見る

例4 만드느냐 → 만들다 作る

例5 사는가　→ 사다 買う・살다 住む

❸ 母音＋ㄴ가/냐は母音語幹またはㄹ語幹の形容詞または指定詞に戻る。

例6 바쁜가　→ 바쁘다 忙しい

例7 기냐　→ 길다 長い

例8 책인가　→ 책＋이다 本＋だ

❹ パッチム＋은가/으냐は子音語幹の形容詞に戻る。

例9 깊은가　→ 깊다 深い

例10 넓으냐　→ 넓다 広い

2　3　逆接・譲歩の語尾　－지만

語幹に付いて逆接（～が）を表します。

1) 이 요리는 비싸지만 맛있습니다.

この料理は高いけれどおいしいです。

参考

母音で終わる体言の後では指定詞の語幹이が脱落することがあります。

모자이지만 帽子だが → 모자지만

24 様態・目的の語尾　－게

形容詞の語幹に付くと様態（～く）を表し，動詞の語幹に付くと目的（～ように）を表します。特に動詞語幹＋게 하다/만들다は使役（～させる）を表します。

2) 꽃이 아름답게 핍니다.

花が美しく咲きます。

3) 입맛에 맞게 요리를 만듭니다.

口に合うように料理を作ります。

4) 부하에게 서류를 제출하게 한다.

部下に書類を提出させる。

25 助詞　으로/로〈1〉

－으로/로は非常に用法の多い助詞であり，文脈に応じて訳し分ける必要があります。以下に基本的な用法をいくつか整理しておきます。

❶ 手段・方法・道具：～で，～を使って，～によって

5) 귀로 듣고 눈으로 봅니다.

耳で聞き，目で見ます。

6) 공자의 사상은 ‘인’으로 대표된다.

孔子の思想は「仁」によって代表される。

❷ 原材料：～で，～から

7) 종이로 학을 접었습니다.

紙で鶴を折りました。

8) 와인은 포도로 만듭니다.

ワインはブドウから作ります。

❸ 基準：～で，によって

9) 기계류의 길이는 밀리로 나타냅니다.

機械類の長さはミリによって表します。

❹ 資格：～として

10) 와카야마는 귤의 산지로 유명합니다.

和歌山はミカンの産地として有名です。

❺ 方向：～に，～の方へ

11) 서울로 향했습니다.

ソウルへと向かいました。

❻ 変化・結果：～に（なる）

12) 오랜 노력이 수포로 돌아갔나.

長年の努力が水泡に帰した。

❼ 理由・原因：～で

13) 아오모리는 사과로 유명하다.

青森はリンゴで有名だ。

14) 모기가 매개하는 질병으로 해마다 많은 사람이 죽는다.

蚊が媒介する病気で毎年多くの人が死ぬ。

読解のポイント　11 −20

⑪ 母音語幹とㄹ語幹〈1〉

母音語幹の動詞とㄹ語幹の動詞は格式丁寧体平叙形現在では見かけ上区別がなくなることは 1. 2 で解説しました。実際，「기다 這う：길다 長い，나다 出る：날다 飛ぶ，사다 買う：살다 住む・生きる，쓰다 書く・使う・苦い：쓸다 掃く，주다 与える：줄다 減る」など，母音語幹とㄹ語幹の活用形の一部が同形になるペアがいくつか存在することはよく知られています。母音語幹とㄹ語幹のどちらに戻せるか，最初のうちは面倒でも丹念に辞書で確認するのが良いでしょう。ほとんどの場合は1）や2）のように前後の名詞や助詞を見れば，どちらかに決まりますが，まれに3）のように2通りの可能性を持つ場合があります。3）においてa. は사다が，b. は살다が原形であると判断して訳したものです。

1）밥을 줍니다.　　　ご飯を与えます。

2）몸무게가 줍니다.　　体重が減ります。

3）한국에서 삽니다.　　韓国で｛a. 買います / b. 暮らしています｝。

⑫ 배웁니다と납니다

指定詞이다は用言ですが，分かち書きせずに常に体言に続けて書かれ，母音で終わる体言の後では指定詞の語幹이がしばしば脱落するので，見かけの上では母音語幹およびㄹ語幹と区別がつきません。

4）미화는 영화 배웁니다.

ミファは｛a. 映画を学びます / b. 映画俳優です｝。

5）비행기는 납니까?

飛行機は｛a. ?? 出ますか / b. 飛びますか / c. 私ですか｝。

⑬ 종입니다と죽입니다

ポイント❷で述べたように，母音で終わる体言の後では指定詞の語幹이다がしばしば脱落するので，見かけの上ではパッチムで終わる名詞とパッチム＋이で終わる名詞，語幹がパッチム＋이で終わる用言の格式丁寧体と区別がつきません。

6）저것은 헌 종입니다.

あれは古い｛a. 鍾（종）/ b. 紙（종이)｝です。

7）맛있는 죽입니다.　　　　　　おいしい粥です。

8）이 집 삼계탕은 진짜 죽입니다.（죽이다：殺す/最高だ）

この店のサムゲタンは本当に素晴らしいです。

⑭ 이/가と은/는の交替〈2〉

1. 4で述べたように，이/가には되다と共に用いて転成を示す働きがありますが，この時も❿と同様に이/가と은/는が同時に付くことはありません。9b）を「公務員はなる」と訳してしまうと，意味の通じにくい日本語になります。

9）｛a. 공무원이 / b. 공무원은 / c.* 공무원이는｝된다.

10）｛a. 公務員に /b. 公務員には｝なる。

⑮ 接尾辞の－하다〈1〉

「開発・協力」のように，そのあとに「する」が続くと動詞になるような名詞を「動作性名詞」と呼びます。「このような名詞は，国語辞典では通常「する」を省いた形で登録されていて，「名・サ変」のように記されています。韓国語の辞書も同様で，小学館の韓日辞典では「名詞」という品詞表示に続けて，動

読解のポイント 9−16

作性名詞には〈하他〉や〈하自〉のように表示してあります。これは하다が付くと他動詞や自動詞になるという意味です。通常はそれにふさわしい訳語が付されているはずですが，訳語が付されていない場合には自分で適切な訳語を考える必要があります。

11) 개발 開発 → 개발하다 開発する

12) 협력 協力 → 협력하다 協力する

⑯ 接尾辞の－하다〈2〉

「率直・必要・幸福」のように，そのあとに「だ」が続くと形容動詞になるような名詞を「状態性名詞」と呼びます。このような名詞は，⑮と同様に「名・形動ダ」や〈하形〉のように表示してあります。通常はそれにふさわしい訳語が付されているはずですが，訳語が付されていない場合には自分で適切な訳語を考える必要があります。

13) 솔직 率直 → 솔직하다 率直だ

14) 필요 必要 → 필요하다 必要だ

⑰ 이것은 시다

⑫で，母音で終わる体言と母音語幹およびㄹ語幹の格式丁寧体は表面上区別がつかない点に触れましたが，格式非丁寧体では母音で終わる形容詞と区別がつきません。

15) 이것은 시다.　　これは｛a. 酸っぱい / b. 詩だ｝。

16) 그것은 차다.　　それは｛a. 冷たい / b. お茶だ｝。

⑱ 이와 같은　比況の表現〈1〉

같다の基本的な意味は「同じ」ですから,「이와 같은」は「これと同じ…」になりそうですが, 実際の出現頻度は「このような…」という比況を示す用例が 90%程度を占めます。

17) 다음과 같은 현상이 자주 일어난다.

次のような現象がしばしば生じる。

18) 내 누나와 같은 이름을 가진 사람을 만났다.

私の姉と同じ名前を持った人に出会った。

⑲ 이/가と도の交替〈1〉

一つの名詞に「が」と「も」が同時に付かないのと同じように, 韓国語においても一つの名詞に이/가と도が同時に付くことはありません[1]。

19) { a. 집이 / b. 집도 / c.* 집이도 } 크다.

20) { a. 家が / b. 家も / c.* 家がも } 大きい。

⑳ 여기요と저기요

以前は여보세요 (もしもし), 말씀 좀 묻겠습니다 (少々お尋ねします) と言っていたものですが, いつの頃からかこのような表現が聞かれるようになりました。どちらも人に呼び掛けるときの「すみません」に相当する表現ですが, 前者は食堂などで誰でもよいから気付いて欲しい時に用い, 後者は近くにいる特定の人に声をかけるときに用いるようです。

1)「誰もが喜んだ」「どこもかもが痛い」が稀な例外であろうか。

基本読解練習 2 日本語に訳してみよう。

1) 비가 오고 바람이 분다.

2) 미슈란의 평가 대상은 맛에 국한한다. 재료의 질, 요리법과 양념의 완성도, 개성, 가격과 음식 질의 균형, 일관성 등 5개 항목이 평가 기준이다.

3) 은희는 계산이 아주 빠르다. ［은희：人名］

4) 제게는 가족과의 관계가 매우 중요합니다.

5) 눈으로 물건을 보고 귀로 소리를 듣는다.

6) 저기서 누가 우는가?

7) 아날로그 TV와는 달리 디지털 TV는 양방향 정보 데이터 방송이 가능하다.

8) 이 팀에서는 어느 선수가 가장 열심히 연습하는가?

9) 새 규격에서는 화면의 가로 세로 비율이 종전 4 대 3에서 16 대 9로 늘어난다.

10) 꽃병의 물을 매일 간다.

発展読解練習 2 日本語に訳してみよう。

대한민국은 반도 국가이다. 남북으로는 대략 북위 33도에서 43도 사이에 위치한다. 동서로는 동경 124도에서 132도 사이에 위치한다. 기후적으로는 온대에 속한다. 그래서 기후가 온난하고 4계절의 구별이 뚜렷하다. 여름에는 기온이 30도를 넘는다. 그러나 습도는 일본보다 낮다. 여름의 해수욕장은 사람들로 붐빈다. 겨울에는 기온이 영하 10도까지 내려간다. 매우 춥다. 난방 장치로 주로 온돌을 사용한다.

한국의 수도는 서울이다. 서울이란[1)] 한국 고유의 말로서[2)] 그 뜻은 수도다. 서울의 인구는 1000만 명을 넘는다. 숫자적으로는 도쿄와 비슷하다. 그러나 수도로의 인구 집중률[3)]은 서울이 훨씬 높고 20%에 가깝다. 서울의

중심부에는 한강이 흐르고 있다. 한강 북쪽은 구[4] 시가지고, 남쪽은 신흥 시가지다. 강남[5] 지구에는 고급 주택들이 많고 명품[6] 상점도 많다. 특히 압구정동[7]이 유명하다.

語句

1) 이란 : ～とは
2) 말로서 : 言葉であって
3) 집중률 [집쭝뉼] : 集中率
4) 구 : 旧
5) 강남(江南) : 漢江の南部地域
6) 명품(名品) : ブランド物
7) 압구정동(狎鴎亭洞) : ソウルの高級住宅街

内容確認問題 次の各組について，本文の内容と一致する文を○，一致しない文を×とした場合，○と×の組み合わせが正しいものを選びなさい。

1) ① 대한민국은 섬나라다.
② 여름의 기온은 일본보다 낮다.
ⓐ=①○ ②○　ⓑ=①○ ②×　ⓒ=①× ②○　ⓓ=①× ②×

2) ① '서울'은 한자말이다.
② 대한민국의 인구는 5000만 명보다 많다.
ⓐ=①○ ②○　ⓑ=①○ ②×　ⓒ=①× ②○　ⓓ=①× ②×

実用文読解 2

語学堂HPの韓国語授業の案内を見て申請してみましょう。

1) 과정 소개

· 단기 과정은 봄, 여름 각 3주간 진행한다. 주 4일(월, 화, 목, 금) 하루 네 시간 한국어 수업이 있고, 수요일에는 문화 체험 활동에 참여할 수 있다[1]. 그리고 토요일에는 현장 견학을 실시한다. 자세한 내용은 PDF 파일을 참조할 것[2].

· 어학능력시험(placement test)을 통해서 자신의 수준에 맞는 반에서 수업을 받을 수 있다.

· 과정 이수 후 수료증을 수여한다.

2) 자격 : 재외동포 및 외국인(18세 이상).

3) 기숙사

· 교내 기숙사 2인 1실 이용 가능. 희망자는 입학 신청서 작성 시 기숙사 항목에 체크할 것.

· 기숙사 시설 : ①책상, 옷장, 침대 ②냉난방 ③각 층별로 공용 화장실, 샤워실 사용 ④식당, 세탁실, 독서실 이용 가능

4) 신청 방법

필요한 서류를 준비하여 한국어센터 사무실로 우편 또는 방문 접수.

* 온라인 접수 가능. 홈페이지에서 회원 가입 후 로그인하여 필요한 항목을 기입할 것.

5) 제출 서류

① 신청서(홈페이지에서 다운로드 가능)

② 여권 혹은 외국인 등록증 사본

③ 최종 학력 증명서 (예: 졸업증명서, 재학증명서, 성적증명서 등)

④ 증명사진 1매 (3×4사이즈, 컬러)

6) 수업료 납부

수강료와 교재비를 아래 계좌를 통해 은행 송금. 송금자와 신청자의 이름이 다를 경우 송금 후 반드시 사무실로 연락할 것.

7) 주의 사항

· 입학금은 반환이 불가하다.

· 해당 학기 시작 1주일 전까지 연기 사유서를 제출하면 1회에 한하여 다음 학기로 연기 가능하다.

· 연기한 학기에 수업에 참가하지 않을 경우에는 등록이 자동적으로 취소되고 수업료는 반환되지 않는다.

· 취소 신청서와 증빙 서류를 제출하여 국제어학원장의 인정을 받을 경우 등록을 취소할 수 있다.

· 취소 시에는 환불 규정에 따라 수업료를 환불한다.

8) 문의

· 전화 : +82-2-0000-0000

· 이메일 : OOOO@ OOOO.ac.kr

語句

1) ㄹ 수 있다：できる

2) ㄹ 것：(する) こと

LESSON

03 過去形，尊敬補助語幹

3 1 格式丁寧体過去

〔基本形〕語幹＋過去時制補助語幹＋丁寧語尾[1)]

語幹	過去＋丁寧語尾	例
陽語幹	았＋습니다 았＋습니까	받다 受け取る → 받았습니다 좁다 狭い → 좁았습니까
陰語幹	었＋습니다 었＋습니까	먹다 食べる → 먹었습니다 깊다 深い → 깊었습니까
하語幹	였＋습니다 였＋습니까	하다 する → 하였습니다 심하다 ひどい → 심하였습니까

参考 하였습니다/하였습니까の縮約形：했습니다/했습니까

3 2 格式非丁寧体過去

語幹	過去形 平叙/疑問	例
陽語幹	았다 / 았는가 / 았느냐	받다 → 받았다/ 받았는가/받았느냐
陰語幹	었다 / 었는가 / 었느냐	깊다 → 깊었다/ 깊었는가/깊었느냐

1）格式丁寧体，格式非丁寧体，略式丁寧体などがあります。

하語幹	____였다 / ____였는가 / ____였느냐	하다 → 하였다/ 하였는가/하였느냐

参考 親しみを込めた過去疑問形：받았니・깊었니・하였니

3 3 尊敬補助語幹

文の主語に対する敬意表現を「尊敬（主体敬語）」と呼びます。語幹に付いて尊敬の意味を持つ新しい語幹を形成すると考えると分かりやすいです。

語幹	語幹+尊敬	（過去）	各種語尾
母音語幹	____시	（었）	丁寧語尾（습니까，ㄴ다など） 接続語尾（고，지만など）
ㄹ語幹	____시		
子音語幹	____으시		

参考

1．尊敬補助語幹と過去時制補助語幹は必ず縮約して셨となります。

2．自分の身内であっても尊敬形を使用します。

3．一部の用言は交替形を持ちます。

있다：계시다，없다：안 계시다，자다：주무시다

먹다/마시다：잡수시다·드시다，죽다：돌아가시다

말하다：말씀하시다

1）어디 가십니까?　　どちらにお出かけですか。

2）선생님은 이렇게 말씀하셨다.　　先生はこのようにおっしゃた。

3）아버지는 좌측에 앉으시고 어머니는 우측에 앉으신다.

父は左側に座り，母は右側に座る[2)]。

4）할머니께서는 일어나셨니?　　おばあさんは起きられたかい。

2）韓国語は尊敬補助語幹を含んでいます。

3 4 過去形の原形への戻し方[3]

(1) 基本型：았다/었다[4]

❶ 았/었以降を取り除いた残りの部分が語幹（規則活用の場合）。

1) 보았다 → 보다 見る　　2) 길었는가 → 길다 長い

❷ 母音に았/었が続く場合は으変則/ㅅ変則に戻る可能性がある。

とくにㅏ+았およびㅓ+었はㅅ変則以外にあり得ない[5]。

3) 나았다 → 낫다 治る　　4) 저었는가 → 젓다 かき混ぜる

5) 모았다 → 모으다 集める[6]　　6) 부었다 → 붓다 腫れる

❸ ㄹ+았/었の場合はㄷ変則に戻る可能性がある。

7) 들었다 → 들다 入る・持つ　～ 듣다 聞く

❹ パッチム+이+었の場合は名詞+指定詞（이다）に戻る可能性がある。

8) 지역이었다 → 지역+이다 地域だ

(2) 特殊型〈1〉：하였다/했다

❺ 必ず하다に戻る[7]。

9) 전시하였다/전시했다 ⇒ 전시하다 展示する

10) 조용하였는가/조용했는가 ⇒ 조용하다 静かだ

3) 変則活用も含めて解説します。

4) 았다/었다を았는가/었는가に変えれば疑問形になり，았습니다/었습니다/았습니까/었습니까に変えれば格式非丁寧体になります。以下同様です。

5) 規則活用ではㅏ+았およびㅓ+었は必ず縮約しなければならないからです。

6) 으変則に戻るのはこれひとつだけです。

7) 하였습니다の場合はごくまれに하で終わる名詞に戻る可能性があります。전시하였습니다 → 전시하+이[다]+었+습니다：戦時下でした。例 38) を参照してください。

（3）特殊型〈2〉：있다/겠다

❻ これらは過去形ではなく，語幹がㅆで終わる用言なので「〜た」と訳してはいけない[8]。必ず있다および −겠− [9]に戻る。

11) 재미있다 ⇒ 재미있다 面白い

12) 가겠다 ⇒ 가다 行く

（4）脱落型：ᅟᅡᆻ다/ᅟᅥᆻ다/ᅟᅢᆻ다/ᅟᅦᆻ다

❼ 基本的に語幹＋ㅆ다と考えられる。つまり，パッチムのㅆの前までが語幹と考えられる（規則活用の場合）。

13) 만났다 → 만나다 会う　　14) 섰다 → 서다 立つ

15) 보냈다 → 보내다 送る　　16) 건넸다 → 건네다 渡す

❽ ᅟᅡᆻ다/ᅟᅥᆻ다の場合は으変則に戻る可能性がある。

17) 바빴다 → 바쁘다 忙しい　　18) 썼다 → 쓰다 書く・使う

❾ ᅟᅢᆻ다の場合はㅎ変則に戻る可能性がある。

19) 그랬다 → 그렇다 そうだ

❿ ㄹ랐다 / ㄹ렀다の場合は基本的に르変則に戻る。

20) 올랐다 → 오르다 登る　　21) 불렀다 → 부르다 呼ぶ

22) 놀랐다 → 놀라다 驚く（規則活用に戻るほうがむしろ例外的）

23) 들렀다 → 들르다 寄る（으変則活用に戻るほうがむしろ例外的）

（5）融合型〈1〉：ᅟᅪᆻ다/ᅟᅯᆻ다/ᅟᅫᆻ다

⓫ パッチムのㅆ以降を取り除いた後，ㅘ/ㅝ/ㅙをㅗ/ㅜ/ㅚに変更したものが

8）パッチムのㅆが現れれば過去形であるという戦略は基本的には正しいが，２つの例外があることに気づかずに재미있습니다を「面白かったです」と訳す間違いが多く見られます。

9）겠（つもりだ，だろう）については 7. 1 で学びます。

語幹であると考えられる。

24) 왔다 → 오다 来る　　25) 나눴다→ 나누다 分ける

26) 안됐다 → 안되다 気の毒だ

⓬ 웠다の場合はㅂ変則の可能性が高い。

27) 더웠다 → 덥다 暑い　　28) 배웠다 → 배우다 学ぶ

⓭ 고왔다/도왔다の場合は例外的なㅂ変則（곱다 美しい / 돕다 助ける）である。

（6）融合型〈2〉：ㅕㅆ다

⓮ パッチムのㅆ以降を取り除いた後，ㅕをㅣに変更したものが語幹である可能性が最も高い。

29) 다녔다 → 다니다 通う　　30) 이겼다 → 이기다 勝つ

⓯ パッチムのㅆ以降を取り除いた残りの部分が語幹の可能性がある。

31) 켰다 → 켜다 点火する（この例は少ない）

⓰ 셨の場合は用言語幹＋尊敬補助語幹過去形（시＋었）の可能性がある。

32) 가셨다 → 가다 行く　～갈다 交換する　～가시다 消える / ゆすぐ

33) 앉으셨다 → 앉다 座る（子音語幹）

34) 들으셨다 → 듣다 聞く（ㄷ変則）

35) 지으셨습니다 → 짓다 作る（ㅅ変則）

36) 누우셨느냐 → 눕다 横たわる（ㅂ変則）

37) 어떠셨습니까 → 어떻다 どのようだ（ㅎ変則）

⓱ 母音字＋였の場合は母音体言＋指定詞過去形である可能性がある。

38) 나비였다 → 나비이다 蝶だ

（7）例外

以下の2語は上記のどれにも属さない例外タイプである。

39) 하얬습니까 → 하얗다 白い

40) 뽀얬다 → 뽀얗다 ぼうっとしている / 白く濁っている

3　5　仮定の語尾　－(으)면

(1) 基本形　れば・たら・と

語幹	接続	例
母音語幹	면	가면 行くと，쓰면 苦かったら
ㄹ語幹	면	알면 知っていたら，길면 長ければ
子音語幹	으면	먹으면 食べれば，짧으면 短いと

(2) 拡張構文

日本語にあっては，用言が他の用言と一体となってその意味を拡大する際に取りうる形式は貧弱ですが，韓国語は非常に豊富です。本書ではそれらを一括して拡張構文と名付けることにします。

許容	語幹＋(으)면 되다/좋다	～ればよい
禁止	語幹＋(으)면 안 되다	～てはいけない
義務	語幹＋지 않으면 안 되다	～なければならない
期待	語幹＋았으면/었으면	～たら (よいのに)

3　6　注意すべき助詞

韓国語の助詞は日本語と用法が似ているものがたくさんありますが，中には相当ずれるものがあり，間違いの原因となります。基本動詞の中で을/를に日本語の「に」が対応するものとしては，「만나다 会う，타다 乗る，향하다 向かう，따르다 従う」の4個を覚えておけば十分でしょう。

読解のポイント　21 − 30

㉑ 이/가と도の交替〈2〉

이/가には되다と共に用いて転成を示す働きもありますが，この時も⓳と同様に이/가と도が同時に付くことはありません。1 b）を「公務員もなる」と訳してしまうと，意味の通じにくい日本語になります。

1）{ a. 공무원이 / b. 공무원도 / c. * 공무원이도 } 된다.

2）{ a.　公務員に / b.　公務員にも } なる。

㉒ 결혼하셨습니까?

表題文を「結婚なさいましたか」と訳しても間違いではないでしょうが，質問の意図を正確に伝えているとは言えません。これは既婚か未婚かを尋ねる質問で，「結婚していらっしゃいますか」と訳すのが正解です。過去形が現在の状態を表すものとしてはこれ以外に닮았다（似ている），잘생겼다（美人だ・美男だ）などがあります。

㉓ 에게/한테と「ところ」〈1〉

所在および帰着点が人間の場合は에ではなく에게/한테を用います。前者が書き言葉的，後者が話し言葉的な語感を持ちます。ところで日本語では에게/한테を単に「に」と訳すと不自然になる場合があり，次の例文では「のところに」と訳す必要があります。

3）일한 사전은 저한테 있습니다.

日韓辞典は { a.　私のところに / b.* 私に } あります。

4）여름 방학 때 시골 할머니한테 갔습니다.

夏休みに田舎の { a.　おばあさんのところに / b.* おばあさんに }

行きました。

㉔ 우리〈1〉

우리は一人称複数代名詞で，「我々」または「我々の」が基本的な意味ですが，自分の家族や自分が属する機関と共に用いられた場合は話し手が一人であっても우리を用います。従って日本語に訳す際には「私の，我が」という意味になるので注意しなければなりません。以下の例5）で우리の代わりに내を使って“저 건물이 내 회사입니다.”のように表現すると，オーナー社長と勘違いされる恐れがあります。내を使うのは傘や時計など個人の所有物に限ると覚えておきましょう。

5）저 건물이 우리 회사입니다.　　あの建物が私の会社です。

6）우리 어머니는 아주 다정합니다.　私の母はとても優しいです。

㉕ 우리〈2〉

家族の場合は「うちの」と訳すと自然な日本語になることがあります。また，我々の範囲が拡大すると「韓国」あるいは「国産の」と訳す方が良い場合も現れます。

7）우리 딸이 귀엽지?　　うちの娘は可愛いだろう。

8）일본 국토교통성은 우리의 건설교통부에 해당한다.

日本の国土交通省は韓国の建設交通部に当たる。

㉖ 을/를と은/는の交替

一つの名詞に「を」と「は」が同時に付かないのと同じように，韓国語におい

ても一つの名詞に을/를と은/는が同時に付くことはありません。

9）{a. 배를 / b. 배는 / c. * 배를은} 먹는다.

10）{a. 梨を / b. 梨は / c. * 梨をは} 食べる。

㉗ 을/를と도の交替〈1〉

日本語では「危険をも顧みず」のように「を」と「も」が同時に付くことがありますが，韓国語においては一つの名詞に을 / 를と도が同時に付くことはありません。

11）{a. 梨を / b. 梨も / c. 梨をも} 食べる。

12）{a. 배를 / b. 배도 / c. * 배를도} 먹는다.

㉘ 時の名詞＋이면

文脈に応じて「～になれば」「～経過すれば」と訳す方が自然な日本語になります。なお，母音で終わる名詞の後では이は省略可能です。

13) 해마다 추석이면 고향에 가는 사람들로 고속도로가 막힌다.
毎年秋夕になれば帰省客で高速道路が渋滞する。

14) 이 제품은 10분이면 사용법을 대강 이해할 수 있습니다.
この製品は 10 分もあれば大体の使い方が理解できます。

㉙ 어느 것이

어느 것이は選択を示す「どれが」ですが，選択肢が2つの場合は「どちらが」と訳す方が自然な日本語になります。

15) 어느 음료수가 좋아요?　どちらの飲み物が好きですか。

㉚ 시간 있으세요?

韓国語では「いる」と「ある」を区別しないで있다を使いますが，尊敬形になると区別が生じて，계시다と있으시다を使い分けます。계시다は「いる」の尊敬形だから日本語では「いらっしゃる」に相当するとして，있으시다はどういう場合に使うのでしょうか。実は表題がそれで，「時間おありですか」というときに使います。では라이터 있으세요? はどう訳せばよいでしょうか。「ライターおありですか」は少し不自然で，「ライターお持ちですか。」に相当します。

活用練習 1 活用形を原形に戻して意味を調べよう。

1）폈습니다	2）다셨습니까
3）보였다	4）천하였는가
5）지었느냐	6）쉬었습니다
7）도왔습니까	8）찾아왔다
9）무거웠습니다	10）세웠습니다
11）담갔는가	12）건넜다
13）길렀습니다	14）부십니다
15）파랬습니다	16）보탰습니까
17）물었습니까	18）약했다
19）깁습니다	20）펜습니다

基本読解練習 3 日本語に訳してみよう。

1) 고베에서 부산까지 배를 탔습니다. [고베·부산：地名]

2) 매일 책 읽고, 산책하고, 글 쓰고 이것이 내 삶의 패턴이었다.

3) 우리 집 아이가 나한테 뛰어왔습니다.

4) 기술 문명의 계속적 발달은 인간을 달나라에까지 가게 하였다.

5) 여동생이 만화책을 폈다.

6) 옛날에는 등산을 자주 다녔습니다.

7) 은행에서 엔을 원으로 바꿨다.

8) 세계경제포럼의 국가 경쟁력 평가에서 우리 나라는 131개국 가운데 11위를 차지했다.

9) 자동차도 10년 가까이 사용하면 여기저기 고장이 난다.

10) 오늘은 시장에서 누구를 만났습니까? [疑問と不定の2通りに訳すこと]

発展読解練習 3 日本語に訳してみよう。

어느 날 아침 어쩐지 일찍 잠이 깼다. 아들은 내 곁에서 새근새근 잠을 자고 있다. 아내는 둘째 아이를 낳기 위해[1] 며칠 전에 친정에 갔다. 창 밖은 아직 어둡다. 나는 창문을 살며시 열고 새벽 공기를 가슴 깊이 들이쉬었다. 아주 상쾌했다.

나는 옷을 입고 현관문을 조용히 열었다. 하늘에는 별이 몇 개 보였다. 바둑이[2]가 나한테 다가왔다. 바둑이는 작년에 강아지를 세 마리 낳았다. 나는 바둑이와 같이 근처 공원까지 산책을 갔다. 모래 사장에는 삽과 양동이, 그리고 체가 있었다. 그 옆에는 장난감 자동차도 있다. 아이들의 모습이 생생히 떠오른다. 나도 모래를 만졌다. 그때 양동이의 물이

쏟아졌다. 손이 젖었다. 나는 집에 돌아와서[3] 손을 씻었다.

語句 1) -기 위해 : ～するために

2) 바둑이 : 犬の名前。通常は白黒の斑犬につける。

3) 돌아와서 : 帰って

内容確認問題 正しい答えを選ぼう。

1) 필자는 몇 시쯤에 일어났습니까 ?

① 오전 1 시　② 오전 4 시　③ 오후 3 시　④ 오후 10 시

2) 필자의 아이는 남자입니까 여자입니까 ?

① 남자　② 여자　③ 조카　④ 모릅니다

3) 이 날 날씨는 어떠하였습니까 ?

① 비가 왔습니다　② 구름이 많았습니다

③ 맑았습니다　④ 모릅니다

4) 바둑이의 성별은 무엇입니까 ?

① 수캐　② 암캐　③ 암탉　④ 모릅니다

5) 누가 모래 사장에서 놀았습니까 ?

① 중학생　② 부모들　③ 선생님　④ 어린이

6) 양동이 속에는 무엇이 있었습니까 ?

① 고체　② 기체

③ 액체　④ 아무것도 없었습니다

実用文読解 3

次は旅行サイトに掲載されているゲストハウスの情報です。紹介文や口コミを読んで，どちらのホテルに泊まるか考えてみましょう。

〈마루 게스트하우스〉

마루 게스트하우스는 전통 한옥을 개조하여 오픈한 고풍스러운 한국식 숙박 시설입니다. 모든 객실은 온돌방이며 편안하고 아늑하게 꾸며져 있습니다. 외국인들에게 인기 있는 인사동에서 도보로 5분 거리에 있습니다. 한국 문화 체험, 서울 산책 등의 테마 여행을 원하시는 분에게 강력[1] 추천합니다.

＊이용 후기

· 대중교통을 이용하기 편했고 잠자리가 아늑하고 따뜻했습니다. 전용 욕실이 없는 것은 좀 아쉬웠습니다.

· 사진보다 방이 너무 작았어요. 조금 더 방이 컸으면 싶었고[2] 아니면 가격이 조금 더 저렴했으면 좋겠어요.

· 온돌방에서 자니까 피로가 확 풀렸습니다. 집에서 지내는 것 같아서 좋았고 화장실은 공용이었지만 깨끗하게 관리되어 있었습니다.

· 북촌[3]이나 경복궁[4]을 보기에 위치는 나쁘지 않았는데 청소 상태가 별로 좋지 않았어요. 그리고 방음이 잘 되지 않아서 옆방 소리 때문에 잠을 잘 못 잤어요.

〈보보 게스트하우스〉

보보 게스트하우스는 젊음의 거리[5] 홍대 입구[6]에서 1키로미터 거리에 있으며, 신촌[7]까지도 걸어서 5분이면 갈 수 있습니다. 예쁜 정원과 테라스가 있고, 각 방마다 전용 욕실이 완비되어 있습니다. 모든 공간에서 무료

Wi-Fi를 이용할 수 있습니다. 아침에는 호스트가 직접 만든 유럽식 조식도 제공됩니다.

∗이용 후기

· 청결하고 편안한 가정집 분위기였어요. 가격도 저렴하고 조식도 잘 나왔어요. 2층은 계단으로 이동해야 해서 짐이 많으면 좀 불편할 수 있어요.

· 호스트가 옛날에 가이드 일을 해서 외국어도 잘하고 서울을 잘 알고 있었습니다. 짜장면 배달도 대신 해 주었습니다.

· 호스트가 매우 친절하고 주택가라서 조용합니다. 인테리어도 깔끔하고요. 정류장에서 숙소까지가 언덕길이라서 캐리어[8]를 끌고 가는 건 좀 힘들었습니다.

· 인천공항에서 공항버스로 한번에[9] 갈 수 있어서 편했고 조식이 아주 맛있었어요. 창문에 방충망이 없고 방음이 잘 되지 않은 것은 좀 불편했어요.

語句

1) 강력 : 강력히と同じ。強く

2) 컸으면 싶었고 : 大きかったらなと思ったし

3) 북촌 : ソウル特別市鍾路区にある韓屋の密集する地区

4) 경복궁 : 景福宮

5) 젊음의 거리 : 若者の街

6) 홍대 입구 : 地下鉄の駅名＝弘（益）大（学）入口

7) 신촌 : 新村（地名）

8) 캐리어 : キャリーバッグ

9) 한번에 : 乗り換えなしで

LESSON

04 否定

4　1　体言の否定

体言を否定する場合は，否定の指定詞である아니다を用います。「〜で（ない）」に相当する助詞として母音で終わる体言には가を，子音で終わる体言には이を付けます。主格助詞の「が」に相当する助詞と同じ形がつくために，訳し間違いが生じやすいので十分注意しましょう。また，並列語尾が付いた아니고（〜でなくて）は아니라という形式で用いられることが多いことも知っておくとよいでしょう。

時制		格式丁寧体	格式非丁寧体
現在	平叙形	아닙니다	아니다
	疑問形	아닙니까	아닌가/아니냐
過去	平叙形	아니었습니다	아니었다
	疑問形	아니었습니까	아니었는가/아니었느냐

1) 이제는 아날로그 시대가 아니다.
いまやアナログ時代ではない。

2) 제 목표는 순위가 아니라 완주입니다.
私の目標は順位ではなく完走です。

4　2　用言の否定〈1〉　後置否定形

日本語と同様に否定形式を用言の後ろに続ける否定構文を後置否定形と呼びます。ところで，格式非丁寧体現在では，否定形式が動詞に接続する場合と形容詞

に接続する場合とで，活用形式がやや異なるので注意しなければなりません。つまり，動詞に接続するときには動詞型に活用し，形容詞に接続するときには形容詞型に活用します。動詞「가다 行く」と形容詞「좋다 良い」を例にして以下に示しておきます。

（1）単純否定

「行かない，良くない」のような単純な否定を単純否定と呼ぶことにします。以下の表で，格式非丁寧体現在でのみ品詞による違いがあることを確認してください。

❶ 現在

品詞		格式丁寧体	格式非丁寧体
動詞	平叙形	가지 않습니다	가지 않는다
	疑問形	가지 않습니까	가지 않는가/않느냐
形容詞	平叙形	좋지 않습니다	좋지 않다
	疑問形	좋지 않습니까	좋지 않은가/않으냐

❷ 過去

品詞		格式丁寧体	格式非丁寧体
動詞	平叙形	가지 않았습니다	가지 않았다
	疑問形	가지 않았습니까	가지 않았는가/않았느냐
形容詞	平叙形	좋지 않았습니다	좋지 않았다
	疑問形	좋지 않았습니까	좋지 않았는가/않았느냐

（2）能力否定

「行けない，泳げない」のようなできないことを示す否定を能力否定と呼ぶことにします。日本語では形容詞の能力否定はありませんが，韓国語では形容詞の能力否定は不十分を示すのに用いられます。また，単純否定と同様に，格式非丁寧体現在でのみ品詞による違いがあることを確認してください。

❶ 現在

品詞		格式丁寧体	格式非丁寧体
動詞	平叙形	가지 못합니다	가지 못한다
	疑問形	가지 못합니까	가지 못하는가/못하느냐
形容詞	平叙形	좋지 못합니다	좋지 못하다
	疑問形	좋지 못합니까	좋지 못한가/못하냐

❷ 過去

品詞		格式丁寧体	格式非丁寧体
動詞	平叙形	가지 못했습니다	가지 못했다
	疑問形	가지 못했습니까	가지 못했는가/못했느냐
形容詞	平叙形	좋지 못했습니다	좋지 못했다
	疑問形	좋지 못했습니까	좋지 못했는가/못했느냐

4 3 用言の否定〈2〉 前置否定形

活用形の前に否定の副詞안および못を置くだけなので簡単であり話し言葉で好んで用いられますが, 하語幹においては（3）で示すように特殊な形式が用いられます。後置否定形と同様に，格式非丁寧体現在でのみ品詞による違いがあります。動詞「가다 行く」と形容詞「좋다 良い」を例にして以下に示しておきます。

（1）単純否定

❶ 現在

品詞		格式丁寧体	格式非丁寧体
動詞	平叙形	안 갑니다	안 간다
	疑問形	안 갑니까	안 가는가/안 가느냐
形容詞	平叙形	안 좋습니다	안 좋다
	疑問形	안 좋습니까	안 좋은가/좋으냐

❷ 過去

品詞		格式丁寧体	格式非丁寧体
動詞	平叙形	안 갔습니다	안 갔다
	疑問形	안 갔습니까	안 갔는가/갔느냐
形容詞	平叙形	안 좋았습니다	안 좋았다
	疑問形	안 좋았습니까	안 좋았는가/좋았느냐

(2) 能力否定

形容詞の前置形能力否定が用いられることはありません。

❶ 現在

品詞		格式丁寧体	格式非丁寧体
動詞	平叙形	못 갑니다	못 간다
	疑問形	못 갑니까	못 가는가/가느냐

❷ 過去

品詞		格式丁寧体	格式非丁寧体
動詞	平叙形	못 갔습니다	못 갔다
	疑問形	못 갔습니까	못 갔는가/갔느냐

(3) 하語幹動詞の前置否定形

「名詞＋하다」と分析できる하語幹動詞の前置否定形は以下に示すように特殊な形式を取りますが，話し言葉では通常の前置否定形を取ることもあります。

공부하다：勉強する → 공부 안 합니다 / 공부 안 한다
공부 안 합니까 / 공부 안 하는가 / 하느냐
공부 안 했습니다 / 공부 안 했다
공부 안 했습니까 / 공부 안 했는가 / 했느냐

공부 못 합니다 / 공부 못 한다

공부 못 합니까 / 공부 못 하는가 / 하느냐

공부 못 했습니다 / 공부 못 했다

공부 못 했습니까 / 공부 못 했는가 / 했느냐

4 4 完了の－고と様態の－고

1. 5 で並列の語尾 －고について解説しましたが，この語尾は並列以外に完了と様態の用法をも有しています。完了とは「～してから」という意味で用いられた場合を指し，様態とは「ある状態を保ったまま」という意味で用いられた場合を指します。以下にそれぞれの用例を示しておきます。

1) 커피를 한 잔 마시고 나갔습니다.
コーヒーを一杯飲んで出かけました。

2) 공항까지 버스를 타고 갔습니다.
飛行場までバスに乗って行きました。

4 5 －고による拡張構文

（1）進行相と結果状態相

動詞語幹＋고 있다：～ている

「動詞語幹＋고 있다」は，基本的には「～ている」と訳せば間に合いますが，その表している意味内容は ①「태풍이 다가오고 있다. 台風が近づいている」「어디서 놀고 있습니까？ どこで遊んでいますか」のように進行相（進行中の動作）を表す場合と，②「책을 가지고 있다. 本を持っている」「알고 있습니까? 知っていますか」のように結果状態相（動作が完了した後の状態が継続していること）を表す

場合とがあります。また，①の場合，論説文では「〜つつある（台風が近づきつつある）」と訳すこともあります。また，있다を계시다に置き換えると，「〜ていらっしゃる」という意味になります。

（2）希望

動詞語幹＋고 싶다：〜たい

動詞語幹＋고 싶어하다：〜たがる

日本語と同様に，一人称主語の肯定文と二人称主語の疑問文で고 싶다が用いられ，三人称主語で고 싶어하다が用いられます。

読解のポイント　31 − 40

㉛ 을/를と도の交替〈2〉

ポイント㉗で示した，「に」に対応する을/를においても도が同時に付くことはありませんが，日本語に訳す場合は「も」だけを訳すのではなく，「にも」と訳さないと不自然な日本語になります。

1）{a. 친구를 / b. 친구도 / c. * 친구를도 } 만납니다.

2）{a. 友人に / b. 友人にも / c. ?? 友人も } 会います。

㉜ 낚시도 갑니다

これはポイント❷㉛の応用編です。에には도が続きますが，를は도と交替するので5 b) をついうっかりと「釣りも行きます」と訳してしまいがちですが，日本語としては不自然です。 5b) は*낚시를도が낚시도になったものです。

3）{a. 학교에 / b. 학교에도 } 갑니다.

4）{a. 学校に / b. 学校にも } 行きます。

5）{a. 낚시를 / b. 낚시도 } 갑니다.

6）{a. 釣りに / b. 釣りにも /c.* 釣りも } 行きます。

㉝ 다음 주 목요일까지

韓国語では到達の助詞「まで」と完了の助詞「までに」を区別せず，共に까지を用いますが，案外誤訳が多いのは後続の動詞を確認しないで頭からいきなり「まで」と訳してしまうことに原因があります。以下の例文の（　　　　）内に「まで」と「までに」を正しく入れなさいと言われれば，日本語母語話者なら全員正解になるはずです。

7) 이 시계를 목요일까지 보관해 주세요.

この時計を木曜日（　　　　）預かってください。

8) 이 시계를 목요일까지 수리해 주세요.

この時計を木曜日（　　　　）修理してください。

「木曜日」まで共通しているのに正解を得られるのは後続の動詞の性質を確認してから答えているからですね。読解に際しても까지が出てきた時点では保留しておいて後続の動詞を確認してから「まで」と訳すか「までに」と訳すかを決めるようにすると誤訳せずにすみます。

34 助詞・語尾＋指定詞이다

韓国語は日本語と文法構造が似ているので，日本語からの類推を利用することができる場合が多くあります。たとえば，「～でだ，～もだ」のように助詞に断定の助動詞「だ」をつけて文を終えることができるのと同様の現象が韓国語の指定詞이다にも存在します。

9) 여름 방학은 내일부터다.　　夏休みは明日からだ。

10) 숙제는 22 페이지까지다.　　宿題は22ページまでだ。

35 제 우산이 없다と제 우산이 아니다

日本語では断定の助動詞「だ」と存在を示す動詞「ある」とが，否定形になると常体・敬体ともに「ない，ありません」のように同形になることと，さらに韓国語において否定の指定詞아니다に先行する助詞が主格助詞と等しい形式になるという2つの原因が重なってかなり高い頻度で誤訳が生じます。誤訳を避ける対策は，아니다が出現すればかならず「ではない」と訳す癖をつけておくことです。

11) 제 우산이 없다.

私の傘がない。（私の傘が存在しない）

12) 제 우산이 아니다.

私の傘 {a. では / b. * が} ない。（私の傘に等しくない）

13) 제 우산이 없습니다.

私の傘がありません。（私の傘が存在しない）

14) 제 우산이 아닙니다.

私の傘 {a. では / b. * が} ありません。（私の傘に等しくない）

㊱ 이/가と은/는の交替〈3〉

これは⑩と㉟の応用です。15 b）を「牛乳はない」と訳してしまうと，牛乳が存在しないことを意味するので誤訳になります。

15) {a. 우유가 / b. 우유는 / c. * 우유가는} 아니다.

16) {a. 牛乳で / b. 牛乳では} ない。

㊲ 이/가と도の交替〈3〉

이/가には日本語の「が」に相当する働き以外に，아니다と共に用いて名詞を否定する働きもありますが，この時も⑲と同様に이/가と도が同時に付くことはありません。17 b）を「牛乳もない」と訳してしまうと，牛乳が存在しないことを意味するので誤訳になります。

17) {a. 우유가 / b. 우유도 / c. * 우유가도} 아니다.

18) {a. 牛乳で / b. 牛乳でも} ない。

㊳ 이것도 저것도 아니다

初級段階で最も間違いやすいもののひとつがこのパターンです。㊲で이/가と도の交替を学んだにもかかわらず，半数近くの学習者が「これもあれもない」と誤訳してしまいますが，それは「이것도 저것도 없다」の日本語訳です。次の例文で両者の違いを確認してください。

19) 저 사람은 누나도 여동생도 없다.
あの人は姉も妹もいない。（どちらも存在しない）

20) 저 사람은 누나도 여동생도 아니다.
あの人は姉でも妹でもない。（どちらにも等しくない）

㊴ 누가

누구は主格助詞가を付けると누구가ではなく누가になることはご存じですね。ところで，AとBを比べるときの누가は「誰が」ではなく㉙と同様に「どちらが」と訳す方が自然な日本語になります。

21) 엄마하고 아빠하고 누가 더 좋아?
ママとパパとどっちの方が好き？

㊵ 옆집と이웃집

どちらも「隣家」と訳せますが，이웃집には「近所」という意味もあります。이웃 사람や이웃 나라も同様で，「隣人，隣国」だけでなく「近所の人，近隣の国」という意味もあります。

基本読解練習 4 日本語に訳してみよう。

1) 나의 분노는 좀처럼 가라앉지 않았다.

2) 어머니는 개를 데리고 횡단보도를 건너셨습니다.

3) 사이버족들의 대부분은 굳이 사이버 세계의 삶 속에서까지 현실의 모습을 드러내고 싶어하지는 않는다.

4) 여기서는 카탈로그를 보고 고르기만 하면 된다.

5) 일본에 입국하는 16세 이상의 외국인은 지문 및 얼굴 사진 등록을 하지 않으면 입국이 거부된다. [입국하는 : 入国する]

6) 무엇을 드시고 싶으십니까?

7) 우리 집에서 버스를 타고 30분쯤 가면 대형 서점에 도착한다.

8) 아직 이사 날짜를 못 잡고 있습니다.

9) 금요일까지는 꼭 일을 마치고 돌아오겠습니다. [겠 : 意志を表す]

10) 6월이면 공사가 끝납니다.

発展読解練習 4 日本語に訳してみよう。

우리 가족은 모두 5명이다. 아버지와 어머니가 계시고 오빠, 언니가 있다. 내가 막내다. 그리고 바둑이도 있다. 바둑이는 우리 집 개 이름이다. 아버지는 회사에 다니시고 어머니는 일주일에 3번 편의점에서 일하신다. 오빠는 대학생이고 언니와 나는 고등학생이다.

아버지는 매일 아침 일찍 일어나신다. 아침 식사 전에 바둑이를 데리고 산책을 나가신다. 주말에는 나도 바둑이를 데리고 산책을 한다. 어머니는 요리를 굉장히 잘하신다. 어머니가 만드시는[1)] 요리는 다 맛있는데[2)] 그중에서도 나는 김치찌개를 제일 좋아한다. 오빠는 바둑을 아주 잘 두는데,

작년에 시민 바둑 대회에서 우승했다. 하지만 지난달에 군대에 갔다. 그래서 학교는 휴학 중이다. 지난번에 면회를 갔는데[2] 입대[3] 전보다 더 건강하고 씩씩해 보였다. 언니는 고3이다. 대학 입시 때문에 매일 아주 바쁘다. 주말에도 거의 놀지 못한다. 나는 아직 1학년이지만 언니를 보면 2년 후의 내 모습이 예상된다.

語句

1) 만드시는：만들[다]＋시＋는（連体形語尾）お作りになる

2) 는데：～が・すると（前置きの語尾）

3) 입대：入隊。

内容確認問題 1 필자는 몇 식구입니까?

① 세 식구　② 네 식구　③ 다섯 식구　④ 여섯 식구

内容確認問題 2 次の各組について，本文の内容と一致する文を○，一致しない文を×とした場合，○と×の組み合わせが正しいものを選びなさい。

1) ① 필자의 아버지는 바둑을 잘 두신다.
② 필자의 오빠는 대학교를 졸업했다.
ⓐ＝①○ ②○　ⓑ＝①○ ②×　ⓒ＝①× ②○　ⓓ＝①× ②×

2) ① 필자는 여자다.
② 필자의 어머니는 전업주부다.
ⓐ＝①○ ②○　ⓑ＝①○ ②×　ⓒ＝①× ②○　ⓓ＝①× ②×

実用文読解 4

이 민우さんは大学で留学生サポーターをやっています。次の文章は留学生歓迎会のために이 민우さんが準備した自己紹介文です。文章全体を日本語に訳してみましょう。

안녕하세요? 저는 이민우라고 합니다. 공대 건축공학과 2학년입니다. 고향은 대구인데[1] 지금은 학교 앞에서 혼자 자취를 합니다. 부모님은 대구에서 사십니다. 여동생은 지금 부산에 있습니다. 일본 유학을 가려고[2] 부산에 있는 외국어 고등학교에 다닙니다. 동생은 댄스가 취미이고 아이돌 가수의 춤을 잘 따라 춥니다. 그렇지만 요즘에는 대학교 입시 때문에 바빠서[3] 주말에도 놀지 못합니다.

제 취미는 음악입니다. 음악 듣기도 좋아하고 기타도 조금 칩니다. 고등학교 때는 동아리에서 밴드 활동을 했습니다. 스포츠 중에서는 축구를 아주 좋아합니다. 응원하는 해외 축구 팀의 경기를 보려고[2] 가끔 밤을 새기도 합니다[4]. 아버지도 축구를 좋아하시는데[1] 언젠가 아버지와 유럽으로 축구 투어를 가는 것이 꿈입니다. 요즘에는 요리도 배우고 있습니다. 방학 때마다 어머니께서 찌개나[5] 국, 기본적인 밑반찬 만드는 법을 가르쳐 주십니다. 지난 주말에는 인터넷에서 본 레시피로 파스타를 만들어서 먹었습니다. 처음이었지만 맛있었습니다.

여러분의 취미와 특기는 무엇입니까? 그리고 왜 한국에 유학을 왔는지도[6] 알고 싶습니다. 앞으로 유학생 모임에서 자주 만나고 친하게 지냈으면 좋겠습니다. 궁금한 것이 있으면 언제든지 연락 주세요.

語句
1) 인데/는데：ですが
2) 려고 ：(し) ようと
3) 바빠서：바쁘[다]＋아서(理由) [6.5(2) 参照]
4) 기도 하다：することもある
5) 나：や
6) 왔는지도：오[다]＋았＋는지＋도　来たのかも

内容確認問題 1　正しい答えを選ぼう。

1) 필자는 몇 학년입니까?
① 일학년　② 이학년　③ 삼학년　④ 사학년
2) 필자의 가족은 몇 명입니까?
① 세 식구　② 네 식구　③ 다섯 식구　④ 여섯 식구

内容確認問題 2　次の各組について，本文の内容と一致する文を○，一致しない文を×とした場合，○と×の組み合わせが正しいものを選びなさい。

1) ① 필자는 주말마다 어머니한테서 요리를 배웁니다.
② 필자와 필자 동생은 다른 집에서 삽니다.
ⓐ＝①○ ②○　ⓑ＝①○ ②×　ⓒ＝①× ②○　ⓓ＝①× ②×
2) ① 필자는 악기를 조금 연주할 수 있습니다. [ㄹ 수 있다：できる]
② 필자는 지난 주말까지 파스타를 만든 적이 없습니다. [만든：作った]
ⓐ＝①○ ②○　ⓑ＝①○ ②×　ⓒ＝①× ②○　ⓓ＝①× ②×

05 現在連体形と過去連体形，連用形

5 1 連体形

「きれいな花，きのう買った本」のように，用言（動詞・形容詞・存在詞・指定詞）が体言を修飾する形式が連体形です。日本語では形容動詞以外の品詞では終止形と連体形が同じ形になるが，韓国語では必ず別の形になる点に注意しましょう。

1）太陽が昇る。（主語＋動詞終止形）：昇る太陽（動詞現在連体形＋名詞）

해가 뜬다. → 뜨는 해

2）肌が白い。（主語＋形容詞終止形）：白い肌（形容詞現在連体形＋名詞）

피부가 희다. → 흰 피부

3）話が有益だ。（主語＋形容動詞終止形）：有益な話（形容動詞現在連体形＋名詞）

이야기가 유익하다. → 유익한 이야기

4）昨日本を買った。（目的語＋動詞過去終止形）：昨日買った本（動詞過去連体形＋名詞）

어제 책을 샀다. → 어제 산 책

5 2 動詞・存在詞の現在連体形

動詞と存在詞の現在連体形は，現在の動作や状態を表します。

語幹	連体形	例
母音語幹	는	보다 見る → 보는 見る… / 見ている… 계시다 いらっしゃる → 계시는 いらっしゃる…
ㄹ語幹	는	살다 住む → 사는 住む… / 住んでいる…
子音語幹	는	입다 着る → 입는 着る… / 着ている… 없다 ない・いない → 없는 ない・いない…

参考 ㄹ語幹では，語幹末のㄹが脱落し，母音語幹と同じ形式になります。

5 3 動詞の過去連体形と形容詞の現在連体形

語幹に全く同じ形が付いても，動詞の場合と形容詞・指定詞の場合とでは，「過去」および「現在」というように，別の意味になるので注意が必要です。なお，存在詞は一般にこの形式を取りません。

語幹	連体形	例
母音語幹	ㄴ	보다 見る → 본 見た…, 쓰다 苦い → 쓴 苦い…
ㄹ語幹	ㄴ	살다 住む → 산 住んだ…, 길다 長い → 긴 長い…
子音語幹	은	삶다 煮る → 삶은 煮た…, 높다 高い → 높은 高い…

参考 ㄹ語幹では，語幹末のㄹが脱落し，母音語幹と同じ形式になります。

5 4 動詞の回想連体形と形容詞・存在詞・指定詞の過去連体形

語幹	連体形の例
動詞	먹다 食べる → 먹던/먹었던 食べていた…
形容詞	깊다 深い → 깊던/깊었던 深かった…
存在詞	있다 ある・いる → 있던/있었던 あった・いた…
指定詞	책이다 本だ → 책이던/책이었던 本だった…

参考 形容詞・存在詞・指定詞の過去連体形は，－았던/었던になることが多い。

1) 입원 생활을 했던 것이 글을 쓰게 된 계기가 되었습니다.
入院生活をしていたのが作家になるきっかけになりました。

2) 가난하던 시절에는 배고파 죽는 일도 흔했다.
貧しかった時代には餓死することも多かった。

3) 과거에는 뉴스의 소비자였던 사람들이 지금은 뉴스의 생산자가 됐다.
かつてはニュースの消費者だった人々が今やニュースの生産者になった。

5　5 現在連体形と過去連体形を原形に戻す

(1) 는：基本的には動詞の現在連体形と考えてよい。

❶ 는を取り除いた残りの部分が語幹である（99%までがこれ）。

1) 자는 → 자다 寝る

2) 먹는 → 먹다 食べる

❷ ㄹ語幹のㄹが脱落している可能性がある。

3) 부는 → 불다 吹く

4) 파는 → 파다 掘る / 팔다 売る

❸ 가는の場合は3通りの可能性がある（3個あるのはこれだけ）。

5) 가는 → 가다 行く / 갈다 交換する / 가늘다 細い

❹ ～시는の場合は尊敬形の可能性がある。

6) 가시는 → 가다 行く / 갈다 交換する / 가시다 消える

(2) 은：動詞の過去連体形と形容詞の現在連体形の可能性がある。

動詞なら「～た…」と訳し，形容詞なら「～い…/～な…」と訳すことになります。以下では両者の違いをはっきりさせるために（　　　）の中に連体形の訳語を書いておくことにします。

❺ 基本的に子音語幹に戻る。

7) 죽은 → 죽다 死ぬ（死んだ…）

8) 앉은 → 앉다 座る（座った…）

9) 깊은 → 깊다 深い（深い…）

10) 굳은 → 굳다 固い（固い…）

❻ 母音＋은は必ずㅅ変則に戻る。

11) 지은 → 짓다 作る（作った…）

※唯一の例外として語幹が으で終わる모으다（集める）がある。

❼ ㄹパッチム＋은は必ずㄷ変則に戻る[1]。

12) 들은 → 듣다 聞く（聞いた…）

（3）ㄴ型：動詞の過去連体形と形容詞の現在連体形の可能性がある

動詞なら「～た…」と訳し，形容詞なら「～い…/～な…」と訳すことになります。

❽ 基本的に母音語幹であると考えてよい。

13) 쪼갠 → 쪼개다 割る（割った…）

14) 나쁜 → 나쁘다 悪い（悪い…）

❾ ただし，ㄹ語幹に戻る可能性がある。

15) 흔든 → 흔들다 振る（振った…）

16) 먼 → 멀다 遠い（遠い…）

17) 판 → 파다 掘る（掘った…） / 팔다 売る（売った…）

❿ ㅏㄴ / ㅓㄴの場合はㅎ変則に戻る可能性がある[2]。

18) 까만 → 까맣다 黒い（黒い…）

19) 저런 → 저렇다 あのようだ（あのような…）

⓫ 운の場合は基本的にㅂ変則に戻る。

---

1) ㄹ語幹の들다/물다に戻らない点に注意しましょう。

2) ごくまれにㅑㄴ/ㅕㄴで終わる特殊なㅎ変則があります。하얀 → 하얗다 白い（白い…），뿌연 → 뿌옇다 白い（白い…）

20) 구운 → 굽다 焼く（焼いた…）

21) 더운 → 덥다 暑い（暑い…）

22) 싸운 → 싸우다 争う（争った…，規則活用に戻るほうがむしろ例外的）

23) 기운 → 기울다 傾く（傾いた…，ㄹ語幹に戻るのはさらに少ない）

⓬ ～신の場合は尊敬形の可能性がある。

24) 파신 → 파다 掘る（お掘りになった…） / 팔다 売る（お売りになった…）

5 6 連用形

「～てみる，～ておく，～てしまう」などのように，その後に他の用言が続く形式を連用形と言います。

語幹	連用形	例
陽語幹	아	앉다 座る → 앉아 座って
陰語幹	어	깊다 深い → 깊어 深く
하語幹	여	하다 する → 하여 / 해 して

連用形を基本形に戻す方法は，3. 4からパッチムのㅆを取り除けばほぼ同じ考え方でできるので，ここでは解説を省略します。

5 7 略式丁寧体

略式丁寧体は「해요体，略待上称」などとも呼ばれます。聞き手に対する敬意を含む表現で，目上の相手や初対面の相手に対して打ち解けた気持ちを示す場面で格式丁寧体と併用します。日本語では「笑います，熱いです，健康です，山です」など，「ですます体，敬体」と呼ばれるスピーチレベルに相当します。

略式丁寧体を基本形に戻す方法は，連用形を基本形に戻す方法とほぼ同じ考え方でできるので，ここでは解説を省略します。

語幹	略式丁寧体	例
陽語幹	아요	앉다 座る → 앉아요 座ります
陰語幹	어요	깊다 深い → 깊어요 深いです
하語幹	여요	하다 する → 하여요/해요 します
指定詞	에요	이다 だ → 이에요 です 아니다 でない → 아니에요 でないです

参考

1．過去時制補助語幹（았/었）の後では必ず어요が接続します。

2．尊敬補助語幹（시）との接続形（시어요）は縮約して세요になります。

3. 하여요を用いることはほとんどありません。

4．母音で終わる体言の後では이에요が縮約して예요になります。

5．略式丁寧体は平叙形・疑問形・命令形・勧誘形が同じ形式になるので，文脈に応じて訳し分ける必要があります。

　1）학교에 가요.　　学校に｛行きます / 行きましょう / 行きなさいよ｝。

　2）학교에 가요?　　学校に行きますか。

　3）학교에 가세요.　学校に｛行かれます / 行きましょう / 行ってください｝。

　4）학교에 가세요?　学校に行かれますか。

読解のポイント　41 − 50

㊶ 한자로 된 말

로/으로 되다には変化を表す用法（～になる）と構成要素を表す用法（できる）とがありますが，表題の例はどちらの用法かお分かりになるでしょうか。これは学術雑誌に投稿された翻訳原稿の原文ですが，雑誌には「漢字になった言葉」と書かれていました。でもそれだと何のことか分かりませんね。これは「漢字でできた言葉，漢字に由来する言葉」と訳さねばなりません。

㊷ 자는と파는と가시는

5. 5（1）では連体形に着目して解説しましたが，文中に現れた母音字+는は「体言+助詞」に戻る可能性もあるので，자는は「자（定規・者）+는（は）」に，파는は「파（ねぎ）+는（は）」に，가시는は「가시（とげ）+는（は）」に戻る可能性もあります。

㊸ 죽은と들은と실은

5. 5（2）では連体形に着目して解説しましたが，文中に現れた子音字+은は「体言+助詞」に戻る可能性もあるので，죽은は「죽（粥）+은（は）」に，들은は「들（野原）+은（は）」に，실은は「실（糸）+은（は）」に戻る可能性もあります。

㊹ 母音語幹とㄹ語幹〈2〉

母音語幹とㄹ語幹の活用形の一部が同形になるペアに関してポイント⓫で解説しましたが，가는가に関しては 5. 5（1）と同様に２通りではなく特別に３

通りの可能性を考える必要があります。

1) 어느 쪽이 더 가는가.

どちらの方が
- a．長持ちするのか。（＝가다）
- b．より多く耕すのか。（＝갈다）
- c．より細いのか。（＝가늘다）

㊺ 모두

모두には「全部」という意味以外に「全部で」という意味があります。

2) 모두 1,500 원입니다.

｛a. 全部で / b. * 全部｝ 1,500 ウォンです。

㊻ 助詞・語尾＋主格助詞이/가

主格助詞の「が」は体言に付くだけでなく,「今からがこの映画の見どころだ」のように助詞について主語であることを表すことができるのと同様の現象が，韓国語の主格助詞가/이にも存在します。

3) 이제부터가 정말 중요하다.　　いまからが本当に重要だ。

4) 누가 오는가가 중요하다.　　誰が来るかが重要だ。

㊼ 助詞・語尾＋이/가 아니다

ポイント㊻で，主格助詞の「が」が体言に付くだけでなく，助詞や語尾にもついて主語を表すことができる説明しましたが，否定の指定詞아니다に先行する助詞이/가も助詞や語尾について否定文を形成します。

読解のポイント　41－50

5) 시험은 내일부터가 아니라 모레부터다.

試験は明日からではなくて明後日からだ。

㊽ ～에서…까지「～から…まで」

起点を示す助詞「から」は，韓国語では場所の起点と時の起点を使い分け，前者は에서で，後者は부터で表現することはご存じですね。ところが，起点と終点が対になって用いられるときは，時の起点であっても에서を用いることがあることは知っておいてもよいでしょう。

6) {a. 내일부터 /b. * 내일에서 } 시험이 시작됩니다.

明日から試験が始まります。

7) {a. 2시부터 / b. 2시에서 } 3시까지 회의였습니다.

2時から3時まで会議でした。

㊾ 의の不使用〈2〉

ポイント❸で位置名詞の前では助詞の의を使わないと説明しましたが，種類や機会を示す場合にも의を使いません。

8) 음악 선생님, 영어 책　　　音楽の先生，英語の本

9) 이번 행사　　　この度の行事

㊿ 連体形　것은 아니다 ～するわけではない，～なわけではない

全てを否定するのではなく，一部分のみを否定する表現を部分否定と言います。「반드시(必ずしも), 항상(常に)」などと共に用いられることが多い

です。

10) 돈이 많은 사람이 반드시 행복한 것은 아니다.

お金が多い人が必ずしも幸福なわけではない。

活用練習 2 現在連体形と過去連体形を原形に戻した上で，元の連体形の意味を調べましょう。動詞と形容詞の可能性がある場合は，訳し分けてください。

1) 푼
2) 시킨
3) 민
4) 다시는
5) 이은
6) 빨간
7) 도운
8) 외운
9) 무거운
10) 준
11) 부시는
12) 만난
13) 걸은
14) 물은
15) 수줍은
16) 젖은
17) 녹은
18) 기운
19) 잔
20) 는

基本読解練習 5 日本語に訳してみよう。

1) 봉건 제도가 시작된 것은 주 왕조 시대부터다.

2) 그녀는 타고난 재력과 재능, 훌륭한 배경을 갖추었지만 좀처럼 한곳에 집중하지 못한다.

3) 푸른 하늘을 나는 비행기를 쳐다보았다.

4) 인간의 감정 가운데 가장 오래되고 격렬한 감정은 공포다.

5) 많이 닳은 타이어는 빨리 가는 것이 좋다.

6) 다수가 모인 집단이 언제나 개인보다 더 합리적이고 올바른 결정을 내리는 것은 아니다.

7) 술렁거리던 교실 안이 찬 물을 끼얹은 듯 잠잠해졌다.

8) 올 가을 들어 설악산에서 처음으로 눈이 관측됐다.

9) 사막에서는 눈에 보이는 것보다 내면의 나침반에 귀를 기울이는 방향 감각이 중요하다.

10) 온돌은 겨울철 방 안을 따뜻하게 하는 일종의 화로 역할을 한다.

発展読解練習 5 日本語に訳してみよう。

한국어는 어순이 일본어하고 거의 같기 때문에[1] 일본 사람들에게는 배우기 쉬운[2] 말이다. '해도 좋다, 하지 않으면 안 되다'와 같은 표현이나[3] '계산에 넣다, 눈이 높다, 막이 오르다, 없던 일로 하다, 납득이 가지 않다'와 같은 관용구는 말을 하나하나 바꿔 가면 올바른 일본어가 된다.

현재 일본 사람이 학교에서 맨 먼저 배우는 외국어는 영어이지만 만약에 그것이 한국어였다면[4] 외국어에 대한 인상이 달라졌을지도 모른다[5]. 외국어를 배우는 것이 그다지 어렵지 않다고 생각하고 외국어에 대한

자신감을 가지게 되었을지도 모른다.

물론 크게 다른 점도 있다. 일본어는 명사 앞에서 명사를 꾸미는 관형사형이 형용동사를 빼고는 원형과 똑같지만 한국어는 서로 다른 형태가 된다. 작문할 때[6] 초급 단계 학습자가 틀리기 쉬운[2] 점이다. 그 반대로 '보는 동시에', '도착하는 대로'와 같이 일본어에서 관형사형을 안 쓰는 표현에서 관형사형을 쓰는 경우에는 한국어 모어화자가 잘못된 일본어를 쓸[7] 가능성이 크다.

語句

1) 기 때문에 : ～ので
2) 기 쉬운 : ～しやすい（連体形）
3) 이나 : や
4) 였다면 : であったとしたら
5) 달라졌을지도 모른다 : 違っていたかも知れない
6) ㄹ 때 : ～する時
7) ㄹ : ～する（未来連体形）

内容確認問題 1 '막이 오르다'와 같은 뜻을 가지는 말이 어느 것입니까?

어떤 행사가 {① 끝나다　② 시작되다　③ 변하다　④ 보이다}

内容確認問題 2 次の各組について，本文の内容と一致する文を○，一致しない文を×とした場合，○と×の組み合わせが正しいものを選びなさい。

① 한국어는 일본어하고 어순이 똑같다.

② 일본 사람이 학교에서 처음 배우는 외국어는 한국어다.

ⓐ＝①○ ②○　ⓑ＝①○ ②×　ⓒ＝①× ②○　ⓓ＝①× ②×

実用文読解 5

韓国人は誕生日にわかめスープを食べます。

어머니는 매년 제 생일이 되면 외국에 사는 딸에게 전화를 겁니다. 그리고 "미역국은 먹었니?"라고 물어보십니다. 제가 고향 집에서 생일을 맞이하지 않은 지[1] 꽤 오랜 세월이 지났지만 어머니는 아직도 제 생일이 되면 미역국을 끓여서[2] 찹쌀밥과 함께 식탁 위에 놓아 두십니다[3]. 한국에서는 생일에 미역국을 먹는 습관이 있습니다. 예로부터 미역국은 산모가 아기를 낳은 후에 먹던 음식입니다. 그래서 생일날 어머니가 자식을 낳을 때 고생한 것을 생각하면서[4] 미역국을 먹는다고 합니다[5].

또한 한국에서는 아기가 태어나서[2] 100일이 되면 그동안 무사히 자란 것을 대견하게 여겨서[2] 백일 잔치를 해 줍니다. 옛날에는 신생아의 사망률이 높아서[2] 백일을 넘긴 것이 축하할 일이었습니다. 백일상에는 백설기와 같은 전통 한국 떡을 올립니다. 백설기의 백은 숫자 100과 소리가 같습니다. 100살까지 장수하라는[6] 의미를 담은 것입니다.

그리고 태어난 지[1] 1년이 되는 생일은 특별한 날로 여겨서[2] 돌잔치를 엽니다. 돌잔치에는 '돌잡이'라고 하는 전통적인 풍습이 있습니다. 생일상 위에 연필, 돈, 실 등을 놓고 아기에게 하나를 고르게 하는 것입니다. 연필을 잡으면 공부를 잘하고 돈을 잡으면 부자가 되고 실을 잡으면 오래 산다고 합니다. 시대가 변하면서[7] 요즘에는 마이크나 청진기를 놓기도 합니다[8]. 마이크를 잡으면 연예인이 되고 청진기를 잡으면 의사가 된다고 하는데[9] 부모의 희망인 것 같습니다[10]. 이러한 풍습은 중국에서 유래한 것이라고 합니다. 중국에서도 한국과 마찬가지로 아이가 태어난 지[1] 1년이 되는 날 아이의 미래를 예측하는 행사를 하면서[11] 아이의 생일을 축하합니다. 전통적으로 문방구, 활과 화살, 동전, 서적 같은 것을 준비하여 아이가 원하는 물건을 잡게 합니다.

일본에서는 생일에 어떤 풍습이 있습니까? 외국 친구들에게 소개해 봅시다[12)].

語句

1) 은 지/ㄴ 지：して以来・してから
2) 아서/어서/여서：して/くて
3) 아 두다：ておく
4) 면서：ながら
5) 고 합니다：と言います
6) 장수하라는：長生きしろという
7) 면서：するにつれて
8) 기도 하다：こともある
9) 하는데：言うが（前置き）
10) ㄴ 것 같다：ようだ
11) 면서：すると同時に
12) 해 봅시다：してみましょう

内容確認問題 次の各組について，本文の内容と一致する文を○，一致しない文を×とした場合，○と×の組み合わせが正しいものを選びなさい。

1) ① 미역국은 산모의 건강에 좋다.
② 백설기의 백을 한자로 쓰면 숫자 100이 된다.
ⓐ＝①○ ②○　ⓑ＝①○ ②×　ⓒ＝①× ②○　ⓓ＝①× ②×

2) ① 돌잡이 생일상 위에 놓는 물건은 시대에 따라 다르다.
② 돌잡이 풍습은 한국에서 시작되었다.
ⓐ＝①○ ②○　ⓑ＝①○ ②×　ⓒ＝①× ②○　ⓓ＝①× ②×

LESSON

06 未来連体形

6 1 未来連体形

現在連体形と過去連体形は日本語にもありますが，未来連体形は日本語にはないので，十分注意が必要です。未来連体形は文末の述語[1]で示される事態よりも以降に生じる1回限りの事態を示し，「〜べき…，はずの…」という意味内容を持ちますが，日本語訳には必ずしも反映されません。

語幹	連体形	例
母音語幹	ㄹ	보다 → 볼 見るべき…
ㄹ語幹	ㄹ	길다 長い → 길 長い…
子音語幹	을	삶다 → 삶을 煮るべき…

参考 ㄹ語幹では語幹末のㄹが脱落して，母音語幹と同じ形になります。

「때 時, 뿐 だけ, 작정 つもり, 예정 予定」など，一部の名詞は常に未来連体形を要求し，また「〜した時，〜しただけだ」など，一部の名詞は過去連体形を取らずに「−았을 / 었을」という形式を取るので注意しなければなりません。

1) 일본에서 그 사람을 만난 것은 6살 때였다.

日本でその人に会ったのは6歳の時だった。

2) 일본에서 그 사람을 만났을 때는 6살이었다.

日本で彼に会った時は6歳だった。

1）主節の述語と言われる。

3) 먹어 본 적이 없습니다.　　食べて見たことはありません。

4) 먹어 봤을 뿐입니다.　　食べて見ただけです。

6　2　未来連体形による拡張構文

(1) 可能・蓋然性

❶ 動詞未来連体形　수(가) 있다　～できる，～する可能性がある

❷ 形容詞・存在詞・指定詞未来連体形　수(가) 있다　～でありうる

5) 6세 이상의 시민은 누구나 회원이 될 수 있습니다.

6歳以上の市民は誰でも会員になることができます。

6) 그럴 수가 있어요?　　そんなことがありえますか。

(2) 不可能・蓋然性

❶ 動詞未来連体形　수(가) 없다　～できない

❷ 形容詞・存在詞・指定詞未来連体形　수(가) 없다　～でありえない

7) 이 물은 마실 수 없습니다.　　この水は飲めません。

(3) 推量・強い決意：～だろう，～ぞ

ある程度の根拠をもつ客観的な推量を表すのが主たる用法ですが，文脈によっては話者の強い決意を表すことがあります。

❶ 未来連体形　것이다　a. ～だろう，はずだ，と思う

b. ～するぞ

❷ 陽語幹＋ −았을 것이다　～しただろう，したはずだ，したと思う

❸ 陰語幹＋ −었을 것이다　～しただろう，したはずだ，したと思う

8) 과거가 없으면 미래도 없을 것이다.

過去がなければ未来もないだろう。

9) 꼭 해낼 것이다.　　きっとやり遂げるぞ。

6 3 未来連体形を原形に戻す

(1) 을

❶ 基本的に子音語幹に戻る。

10) 읽을 → 읽다 読む　　11) 깊을 → 깊다 深い

❷ 母音＋을は必ずㅅ変則に戻る。

12) 지을 → 짓다 作る

※唯一の例外として語幹が으で終わる모으다（集める）がある。

❸ ㄹパッチム＋을は必ずㄷ変則に戻る[2]。

13) 들을 → 듣다 聞く

(2) ㄹ

❹ 基本的に母音語幹であると考えてよい。

14) 쪼갤 → 쪼개다 割る　　15) 나쁠 → 나쁘다 悪い

❺ ただし，ㄹ語幹に戻る可能性がある。

16) 흔들 → 흔들다 作る　　17) 멀 → 멀다 遠い

18) 팔 → 파다 掘る / 팔다 売る

❻ ㅏㄹ/ㅓㄹの場合はㅎ変則に戻る可能性がある[3]。

19) 까말 → 까맣다 黒い　　20) 저럴 → 저렇다 あのようだ

2) ㄹ語幹の 들다に戻らない点に注意しましょう。

3) ごくまれにㅑㄹ/ㅕㄹで終わる特殊なㅎ変則があります。하얄 → 하얗다 白い（白いはずの…），뿌열 → 뿌옇다 白い（白いはずの…）

❼ 울の場合は基本的にㅂ変則に戻る。

21) 구울 → 굽다 焼く　　22) 더울 → 덥다 暑い

23) 싸울 → 싸우다 争う (規則活用に戻るほうがむしろ例外的)

24) 기울 → 기울다 傾く (ㄹ語幹に戻ることはさらに少ない)

❽ ～실の場合は尊敬形の可能性がある。

25) 파실 → 파다 掘る / 팔다 売る

6 4 하다と되다と시키다

一般的に漢字語の動作性名詞[4]には以下のような対応関係が成立します。

	−하다 (他動詞)	−되다 (受動動詞)	−시키다 (使役動詞)
설치	설치하다 設置する	설치되다 設置される	설치시키다 設置させる
파괴	파괴하다 破壊する	파괴되다 破壊される	파괴시키다 破壊させる

26) 우리는 선후지책을 검토했다.　我々は善後策を検討した。

27) 회의에서 선후지책이 검토됐다.　会議で善後策が検討された。

28) 사원에게 선후지책을 검토시켰다.　社員に善後策を検討させた。

ところが,「～하다」が他動詞ではなく自動詞である場合は,「～되다」は受動動詞にならず自動詞になります。

	−하다 (他動詞)	−되다 (受動動詞)	−시키다 (使役動詞)
발전	발전하다 発展する	발전되다 発展する	발전시키다 発展させる

4) 動作性名詞とは, 研究・信用・準備などのように「する」を付けると動詞になるものを言う。

29) IT 산업이 크게 발전했다.　　IT産業が大いに発展した。

30) IT 산업이 크게 발전됐다.　　IT産業が大いに発展した。

31) IT 산업을 크게 발전시켰다.　　IT産業を大いに発展させた。

6 5 連用形による拡張構文〈1〉

連用形による拡張構文は日本語と類似した点が非常に多く，日本語からの類推を利用して読解を容易に進めることができます。

（1）譲歩形

用言の連用形＋도：～しても，～くても，～でも

常識的に「AであればB」が成立する場合に，「Aが成立してもBが成立しない可能性がある」ことを主張する時，たとえば「(見れば分かるはずなのに)，見ても（分からない)」，「(呼んだら返事をするのが普通だが)，呼んでも（返事をしない)」，「(普通は高ければ買わないが）高くても（買います)」などの表現において，「～（し）ても」の部分を譲歩形と言います。さらに可否の判断がつかないときに「～てもよいか」と尋ねる際の「～ても」も譲歩形に含めます。日本語の「～て」は韓国語では上述の連用形に対応することが多いですが，この場合も「て＋も」が「連用形＋도」に対応します。なお，「～てもよい・～ても構わない」は「譲歩形 되다/괜찮다/좋다」と言います。

譲歩形を基本形に戻す方法は，連用形を基本形に戻す方法とほぼ同じ考え方でできるので，ここでは解説を省略します。

32) 여기 앉아도 됩니까?　　ここに座っても構いませんか。

33) 많이 먹어도 배가 고파요.　　たくさん食べても空腹です。

(2) 理由と前提動作

連用形＋서：～(し)て，～(く)て

理由と前提動作の表現を基本形に戻す方法は，連用形を基本形に戻す方法とほぼ同じ考え方でできるので，ここでは解説を省略します。理由と前提動作のいずれの意味になるのかは，日本語と同様に前後関係で決まります。

34) 눈이 많이 내려서 못 나갔다.　大雪で出かけられなかった。

35) 차에서 내려서 걸어갔다.　車を降りて歩いて行った。

(3) 試行・経験の表現

連用形 보다：～てみる

連用形 보았다：～てみた，～たことがある

36) 제가 해 보겠습니다.　私がやってみます。

37) 김치 먹어 봤습니까?　キムチ食べたことがありますか。

(4) 義務の表現

連用形＋야 하다/되다：～ねばならない，べきだ

38) 모레까지 제출해야 합니다.

あさってまでに提出しなければなりません。

39) 읽어야 될 책이 많았다.　読まねばならない本が多かった。

読解のポイント　51 − 60

㉛ 속해

韓国語の変則活用は活用のパターンが特徴的なので，活用形を見れば原形がほぼ予測できます。分かち書きが −해で終わっているものは 해で終る名詞の場合を除けば 하語幹の連用形であると考えてほぼ間違いありません。従って−해で終っている語句は「공해 公害, 동해 東海, 새해 新年」のような 해で終わる名詞を除けば，基本的に〜하다に戻ると考えれば正解です。

㊾ 이것만으로도　助詞の連続

韓国語は日本語と同様に助詞が存在するのみならず，助詞が連続するという点でも共通しています。

1) 이것만으로도 그 중요성을 알 수가 있다.

これだけでもその重要性を知ることが出来る。

2) 오늘은 여기까지만 하죠.

今日はここまで (だけ) にしましょう。

3) 대륙으로부터는 건조한 바람이 불어 온다.

大陸からは乾燥した風が吹いてくる。

㊿ 먹을と들을

6. 3（1）では連体形に着目して解説しましたが，文中に現れた子音字＋을は「体言＋助詞」に戻る可能性もあるので, 먹을は「먹（墨）＋을（を)」に, 들을は「들（野原）＋을（を)」に戻る可能性もあります。

54 모은と모을

5. 5 ❻と6. 3 ❷の唯一の例外が모은と모을で，모은と모을はどちらも「모으다（集める）」に戻ります。

55 漢字語＋되다〈1〉

漢字語＋되다は「漢字語される」と訳しておけば一応の役には立ちますが，中には固有語に置き換えるほうが自然な日本語になることもあります。例えば以下の例文は「飲酒運転車は‘走る爆弾’に比喩される。」と訳すのではなく「飲酒運転車は‘走る爆弾’にたとえられる。」と和語で訳す方が自然な日本語になります。

4）음주운전 차량은 ‘달리는 폭탄’에 비유된다.

56 쓰는 것이

「連体形 것」という構文に現れる것は，文脈に応じて「もの・こと・の」のいずれかに該当します。最初からどれか一つの訳に決めてかかるのではなく，全体を読んでみて日本語として最も自然な訳になるように「もの・こと・の」のどれにするかを決めるのがポイントです。

5）쓰는 것이 있어요?	書くものはありませんか。
6）쓰는 것이 중요하다.	書くことが重要だ。
7）빨리 쓰는 것이 좋겠다.	早く書くのが良いだろう。

読解のポイント　51 − 60

㊼ 이와 같이　比況の表現〈2〉

같이の基本的な意味は「一緒に」であるので，そのまま素直に訳せば「와/과 같이」は「〜と一緒に」になりそうですが，実際の出現頻度は「このように…」という比況を示す用例が90％程度を占めます。なお，「連体形 것과 같이/連体形 바와 같이」の構文においては，「것과 / 바와」は日本語訳に反映されず，「〜するように，〜したように」と訳す点にも注意しましょう。

㊽ A도 된다

ポイント㉑を当てはめると，‘A도 된다’は「Aにもなる」という意味になりますが，되다には「よい・構わない」という意味もあるので，「Aでもよい」という意味にもなりえます。

8) 쌀겨에 절인 오리알(달걀도 된다) 한 개를 준비하고 화롯불에 30분 구우면 된다.
米ぬかに漬けたアヒルの卵(鶏卵でも良い)1個を準備して火鉢の火で30分焼けばよい。

㊾ 에서의/로의/로서의　での/への/としての

韓国語においても日本語と同様に助詞が連続しますが，自由度は日本語ほどではなく，用言を用いる方が自然な韓国語になる場合が多いです。

9) 한국에서의 / {한국에서 하는} 공연
韓国での / 韓国で行う公演

10) 독립으로의 / {독립을 향하는} 길　　独立への道

11) 외국어로서의 한국어 교육　　外国語としての韓国語教育

60 의の不使用〈3〉

韓国語では「내년 시월에, 다음 주 금요일, 내일 세 시, 작년 봄」などのように時を示す名詞が連続する場合，その間に助詞の「의」を入れません。通常は日本語として不自然にならないように適当に「の」を補って「来週の金曜日，明日の3時，去年の春」のように訳していると思いますが，その背景を知っておくことは重要です。日本語でも硬い文章では「来年10月に」のように間に「の」を入れずに表現することがあることを考えれば分かりやすいでしょう。

活用練習3 活用形を語幹と語尾または体言＋指定詞＋語尾または体言＋助詞に戻した上で，元の活用形の意味を調べましょう。

1) 먹이고　　2) 종이예요

3) 거세요　　4) 잡지만

5) 가시는　　6) 가지는

7) 배우고　　8) 일어나

9) 주어도　　10) 파도

11) 나서　　12) 들어서

13) 지어도　　14) 겨도

基本読解練習 6 日本語に訳してみよう。

1) 이 만년필은 작년에 중국에 갔을 때 선물로 받은 것이다.

2) 여러분도 언젠가 틀림없이 자막 없이 한국 드라마를 볼 수 있을 것입니다.

3) 출토품으로 보아 이 주변은 풍족한 곡창지대였을 것이다.

4) 연수가 거짓말을 했을 리가 없지만 내가 연수하고 약속한 시간에 역에 갔을 때에는 아무도 없었다. [연수 : 人名]

5) 요즘은 어디서나 간단한 서비스만 받아도 돈을 내야 한다.

6) 멀리서였지만 나는 그녀를 한눈에 알아볼 수 있었다.

7) 답답한 문제가 있을 때, 그저 누군가에게 이야기를 하는 것만으로도 도움이 될 것입니다. [ㄴ가 : か]

8) 예방 주사의 효과는 3 개월 정도 가지만 다시 맞아야 하는 불편함이 있다. [불편함 : 不便さ]

9) 그 주장에는 사회적 갈등을 심화시킬 수 있는 요소들이 다분히 포함돼 있다.

10) 외국인 임대주택 시장에서는 집주인들의 횡포가 심해 2~3 년치 임대료를 한꺼번에 요구하는 것이 관례화됐다.

発展読解練習 6 日本語に訳してみよう。

사람들은 자기 생활의 필요를 충족시키기 위하여[1], 여러 가지 형태의 노력을 자연에 투하하여 필요한 물자를 생산한다. 상업은 직접 물자를 만들어내는 것은 아니지만, 생산된 물자의 효용을 증대시켜 소비 생활에 편의를 제공하는 것이기 때문에[2] 넓은 뜻에서 역시 생산으로 볼 수 있다.

그런데 현대의 자본주의 경제에 있어서는[3] 거의 모든 물자가 소비를 위해서가[4] 아니라, 생산자가 이익을 얻기 위해[1] 생산된다. 이와 같이

영리를 목적으로 하여 생산 활동을 하는 조직을 기업이라고 한다[5]. 19세기만 해도[6] 기업은 규모가 작고 생산 활동의 내용도 간단했기 때문에 그 운영은 그다지 힘들지 않았다. 그러나 오늘날에는 시장이 점차 더 커지고 생산량이 증가함에 따라[7] 기업의 규모도 일반적으로 더욱 확대되었고, 생산 활동의 내용도 더 복잡해졌다. 〔高等学校『상업』教科書より〕

語句

1) 기 위하여/기 위해 : するために
2) 기 때문에 : ので
3) 있어서는 : おいては
4) 를 위해서 : のために
5) 이라고 한다 : ～と言う
6) 만 해도 : でさえ
7) ㅁ에 따라 : ～するにつれ

内容確認問題 正しい答えを選ぼう。

1) 상업은 { ① 생산이다　② 물자다　③ 생활이다　④ 효용이다 }.
2) 기업은 { ① 소비를　② 생산을　③ 영리를　④ 확대를 } 목적으로 한다.

実用文読解 6

交通カード販売機で交通カードを購入してみよう。

한국에서 지하철이나[1)] 버스를 탈 때에는 일본과 마찬가지로 현금 혹은 교통카드를 사용한다. 한 번만 사용하는 지하철표나[1)] 버스표는 없다. 지하철의 경우 1회용 카드가 있지만 대부분은 한번 사서 충전만 하면 계속 쓸 수 있는 교통카드를 이용한다.

교통카드는 일반적인 카드형과 휴대폰 등에 달 수 있는 스트랩형의 두 가지가 있다. 지하철역, 교통카드 마크가 붙어 있는[2)] 편의점, 버스 정류장 근처의 가두 판매점에서 구입할 수 있다. 처음 살 때에는 충전 금액 이외에 카드 구입 비용을 따로 내야 한다. 충전은 지하철역의 충전 전용 기계에서 하면 된다. 편의점이나 가두 판매점에서도 가능하다. 판매원에게 "OOO원, 충전해 주세요."라고 말하면 된다. 가게에서 충전을 할 때는 카드로는 결제가 안 되고 현금만 받는 곳도 있다.

지하철, 버스, 교통카드 마크가 붙어 있는[2)] 택시에서 교통카드를 사용할 수 있다. 일본과 다른 점은 지하철이나[1)] 버스 이용 시 환승 추가 요금이 발생하지 않는다는[3)] 것이다. 30분 이내라면[4)] 지하철에서 지하철, 버스에서 지하철, 버스에서 버스로 갈아탈 때 요금이 무료다. 무료 환승은 4회까지 가능하다고 한다[5)]. 버스에서는 보통 탈 때에만 기계에 카드를 대면 되지만, 환승 시에는 반드시 내릴 때에도 카드를 대야 한다. 그렇게 하지 않으면 패널티 요금이 부과된다. 또한 버스를 이용할 때에는 두 사람 이상의 요금을 한꺼번에 지불할 수 있다. 탈 때 운전기사에게 "두 명이요.", "두 명 환승이요."라고 말하면 된다.

교통카드를 반납하고 환불을 받고 싶을 때에는 각 지하철역에 문의를 하면 된다. 편의점도 일부 정산이 가능한 곳이 있다. 다음에 다시 한국에 올

계획이 있다면[6] 환불을 받지 않고 가지고 있는 것이 더 편하다.

語句 1) 이나/나：や　2) 어 있는：ている
3) 지 않는다는：ないという（連体形）
4) 라면：であれば　5) 고 한다：だそう
6) 있다면：あるのなら

内容確認問題 次の各組について，本文の内容と一致する文を○，一致しない文を×とした場合，○と×の組み合わせが正しいものを選びなさい。

1) ① 교통카드는 미리 충전하지 않으면 쓸 수 없다.
② 가게에서 충전을 할 때는 카드로는 결제가 안 된다.
ⓐ=①○ ②○　ⓑ=①○ ②×　ⓒ=①× ②○　ⓓ=①× ②×

2) ① 무료 환승은 네 번까지 가능하다.
② 교통카드는 소유자의 요금만 지불할 수 있다.
ⓐ=①○ ②○　ⓑ=①○ ②×　ⓒ=①× ②○　ⓓ=①× ②×

07 未来

7 1 未来時制補助語幹 －겠－

語幹（＋尊敬補助語幹）（＋過去時制補助語幹）＋겠＋各種語尾

話し手の主張を示すのが基本的な用法であり，文の主語に応じて以下のような意味を表します。

（1）1人称主語

動作動詞＋겠：平叙文は話し手の意志・可能性を表す。

1）저는 과학자가 되겠습니다.　　　私は科学者になるつもりです。

2）내일 2시에 오겠습니다.　　　明日 10 時に来ます[1)]。

3）그까짓 짐은 나도 들겠다.　　　それしきの荷物は僕も持てるよ。

非動作動詞＋겠：平叙文は話し手の控えめな気持ちを表す。

4）잘 모르겠습니다.　　　よくわかりません。

疑問文は推量や相手の意思の確認を表す。

5）앞으로 제가 어떻게 되겠습니까?　　　この先私はどうなるでしょうか。

6）들어가도 괜찮겠습니까?　　　入っても構いませんか。

（2）2人称主語

1）必ずしも意志を明確に訳さないほうが自然になることが多いです。

疑問文：聞き手の意志・可能性を尋ねる。

7）뭘 드시겠어요?　何を召し上がりますか。

8）너 혼자 다 먹겠니?　君一人で全部食べられるかい。

平叙文：話し手の推量・予告を表す。

9）고생 많으셨겠습니다.　随分ご苦労なさったでしょうね。

10）다음에는 뉴스를 들으시겠습니다.　次はニュースをお届けします。

（3）3人称主語

推量・可能・婉曲・予告を表す。

11）내일은 눈이 오겠어요.　明日は雪が降るでしょう。

12）그것이 현명한 방법이라 하겠다.　それは賢明な方法だといえよう。

7　2　同時・逆接の語尾　−(으)면서

語幹	接続	例
母音語幹	면서	일어서면서　立ち上がりながら
ㄹ語幹	면서	알면서　知っていながら
子音語幹	으면서	먹으면서　食べながら

13）식사를 하면서 의논했다.　食事をしながら相談した。

14）진상을 알면서 아무에게도 말하지 않았다.

真相を知りながら誰にも話さなかった。

7 3 連用形による拡張構文〈2〉

(4) 恩恵授受の表現〈1〉

連用形 주다：～てやる・てくれる

連用形 주시다：～てくださる

授受表現として用いる「주다：やる，くれる」を連用形に続けると，日本語と同様に「～してやる，～してくれる」という意味を表します。

15) (나는) 동생의 영어 숙제를 도와 주었다.

(私は) 弟の英語の宿題を手伝ってやった。

16) 형이 (나한테) 영어 숙제를 가르쳐 주었다.

兄が (私に) 英語の宿題を教えてくれた。

17) 옷을 사 주셨다.　　服を買ってくださった。

18) 신문 좀 보여 주세요.　　新聞を見せてください。

(5) 恩恵授受の表現〈2〉

連用形 드리다：～てさしあげる

謙譲の授受表現として用いる「드리다：さしあげる」を連用形に続けると，日本語と同様に「～してさしあげる」という意味を表します。ただし，日本語ほどには押しつけがましいニュアンスはありません。

19) 짐을 들어 드렸다.　　荷物を持ってさしあげた。

(6) 動作完了後の結果

動詞の連用形 있다：～ている

있다を계시다に置き換えると「～ていらっしゃる」という意味になります。

20) 새가 나무 위에 앉아 있다.　鳥が木の上にとまっている。

21) 할머니가 침대에 누워 계신다.　祖母がベッドに寝ていらっしゃる。

（7）完遂

動詞の連用形 내다：～し遂げる，～し抜く，～しだす

22) 민주적 정권 교체를 이루어 냈다.

民主的な政権交代を成し遂げた。

7　4　–기による拡張構文〈1〉

（1）原因・理由の表現

❶ 体言 때문에：～のせいで・～のために

❷ 用言語幹 ＋ 기 때문에：～ので・～から

❸ 用言語幹 ＋ 았/었 ＋ 기 때문에：～たので・～たから

❹ 用言語幹 ＋ 기 때문이다：～からだ

❺ 用言語幹 ＋ 았/었 ＋ 기 때문이다：～たからだ

–기は用言を名詞化する語尾であり，「～（する・である）こと」という意味ですが，日本語の訳には反映されない点に注意しましょう。

まれに文末形式の❹❺において，이다が連体形になって「때문인 것이다 ～からなのである / 때문일 것이다 ～からであろう / 때문인 것 같다 ～からのようだ」などの形式を取ることがありますが，ほとんどの場合は上記の形式で現れます。

23) 눈 때문에 도로가 미끄러웠다.　雪のせいで道路が滑り易くなった。

24) 시장이 크기 때문에 수입량이 많다.

市場が大きいので輸入量が多い。

25) 관객이 많은 이유는 입장료가 싸기 때문이다.

観客が多い理由は入場料が安いからだ。

(2) 目的の表現

❶ 体言 + 를/을 위해(서) : ～のために

❷ 動詞語幹 + 기 위해(서) : ～するために

❸ 体言 + 를/을 위한 : ～のための…

❹ 動詞語幹 + 기 위한 : ～するための…

日本語では原因・理由を示す「ために」と目的を示す「ために」を言葉の上で区別しませんが，韓国語では明確に異なる形式を用いるので注意してください。위하다自体は「ためにする」という意味ですが，ほとんど上記の形式でしか用いられることがありません。連体形の日本語訳が「の…」で現れる点にも注意しましょう。

26) 환자를 위해 헌신적으로 일했다.

患者のために献身的に働いた。

27) 우승하기 위해 열심히 연습했다.

優勝するために熱心に練習した。

28) 환자를 위한 헌신적인 근무　　患者のための献身的な勤務

29) 우승하기 위한 각고의 노력　　優勝するための刻苦勉励

(3) 難易の表現

❶ 動詞語幹 + 기 쉽다 : ～しやすい

❷ 動詞語幹 + 기 어렵다 : ～しにくい

30) 유리병은 깨지기 쉽다.　　ガラス瓶は壊れやすい。

31) 납득하기 어려운 의견　　納得しがたい意見

7 5 으로/로〈2〉

2.5で으로/로の用法に関して整理しましたが，この課ではそれ以外の用法について整理しておきます。

❽ 決定：～に（する）

32) 음료수는 뭘로 하시겠습니까?　お飲み物は何になさいますか。

❾ 経路：～から

33) 창문으로 바다가 보인다.　窓から海が見える。

❿ 根拠：～で，～から

34) 실험 결과로 가설을 세웠다.　実験結果から仮説を立てた。

⓫ 接続：～であって

35) 하이브리드카란 전통적인 내연 엔진과 전기자동차의 배터리 엔진을 동시에 장착한 차로, 차세대 자동차로 각광받고 있다.
ハイブリッドカーというのは，伝統的な内燃機関と電気自動車のバッテリーエンジンを同時に装着した車で，次世代自動車として脚光を浴びている。

読解のポイント　61 − 70

⑥① 다른 사람

다르다を辞書で調べると一番最初に「違っている，異なっている」という訳語が現れるので，'다른 사람' を「違う人，異なる人」と訳す人をよく見かけますが，より自然な日本語訳は「他の人」あるいは「別の人」でしょう。

1) 어저께는 다른 사람하고 같이 갔다.

昨日はほかの人と一緒に行った。

2) 다른 것을 보여 주세요.　　　別のものを見せてください。

⑥② −ㄹ 수 있다

一般には可能および可能性の表現ですが，文脈によっては「かも知れない」と訳す方が自然な日本語になることもあります。

3) 수필은 "과연 문학작품인가" 라는 의문이 제기될 수 있다.

随筆は「果たして文学作品なのだろうか」という疑問が提起されるかもしれない。

⑥③ 하여

用言の連用形は陽語幹であれば아が付き，陰語幹であれば어が付くことは初級段階で学んでいらっしゃると思います。ところが, 하語幹の連用形は해という縮約形で紹介されることが多いので하여が하語幹の連用形であることを知らない学習者をときおり見受けます。書き言葉ではしばしば縮約されない하여という形が現れ，更に過去形は하였다という形で現れるので戸惑わないようにしましょう。

4) 널리 학교를 설치하여 인재를 양성하였다.

広く学校を設置し，人材を養成した。

64 큰 술と큰술（分かち書きによる意味の違い）

韓国語では分かち書きをした場合としない場合とで意味が異なることがあります。큰 술は「大きいスプーン」ですが，큰술は料理用語の「大匙」に相当します。작은 술と작은술の違いも同様です。

65 이다の現在連体形　−인

指定詞「이다 〜である」の現在連体形は母音語幹の形容詞と同じく「인」という形式をとります。指定詞이다は常に体言に続けて書くので現在連体形인も体言に続けて書かれます。なお，母音で終わる体言に続くときでも指定詞の語幹이が脱落することはありません。

5) 일본의 수도인 도쿄.　　　　日本の首都である東京。

さらに，文脈によっては「の」と訳す方が自然な日本語になる場合があることも知っておく必要があります。

6) 친구의 동생인 서연하고 결혼을 하게 됐다.

友人の妹のソヨンと結婚することになった。

66 한

韓国語は基本的な単語が短い上に良く似た形式をもっているので，分かち書きの一つの単位が何通りかに分析できることがあります。한もその一例で，

以下の4通りの可能性があります。

① [名詞：限り]

7) 내가 아는 한 민기가 책임자다. 私の知る限りミンギが責任者だ。

② [冠形詞：約]

8) 역끼지 한 15 분 걸린다.　　　駅まで約15分かかる。

③ [数詞：一つの，ある]

9) 책을 한 권 샀다.　　　　　本を一冊買った。

10) 얼마 전 한 중견 기업을 방문한 적이 있다.

先日ある中堅企業を訪問したことがある。

④ [過去連体形 ＜ 하[다]＋ㄴ：した…]

11) 저 마스크를 한 사람이 누구예요?

あのマスクをした人は誰ですか。

㊲ 어떻게 오셨어요?

筆者（油谷）が韓国語を学び始めたころに，어떻게 오셨어요？と尋ねられたので비행기 타고 왔어요.と答えたところ，変な顔をされたことが懐かしく思い出されます。「どのようにして来たのか」と方法や手段を尋ねられたと勘違いして「飛行機に乗ってきました。」と答えたのですが，実は「何の用事で来られましたか。」という質問です。

㊳ 가지세요

これは「持つ」ではなく「所有する」の尊敬指示形式であり，「（そのまま）所有なさってください」つまり「差し上げます」という意味です。

⑲ 알겠습니다

これを「分かるでしょう」と未来や推量で訳してしまうと意味が通じません。알았습니다（分かりました）の丁寧な表現で，「あなたのおっしゃることは十分理解できます」，つまり「承知しました・かしこまりました」に相当します。

⑳ 없어야 하다

아야/어야 하다および아야/어야 되다は通常「～ねばならない，～べきだ」と訳せばよいが，その前に否定語が現れると訳語に工夫が必要です。次の例文 12）13）を「間違いがなければならない」「服装がきちんとしていなければダメで，長い爪の下にたまった垢を洗わなければならない。」と訳すと正反対の意味になってしまいます。12）は「無い」ことが義務なのだから文末は「あってはならない」と訳すのが正しいし，13）は「服装がきちんとしていてはダメで，長い爪の下にたまった垢を洗ってはダメだ。」と訳すのが正解です。

12）잘못이 없어야 한다.

13）옷차림이 단정하지 못해야 하고, 긴 손톱 밑에 낀 때를 씻지 않아야 한다.（안도현『짜장면』より）

基本読解練習 7 日本語に訳してみよう。

1) 한 가지 능력이 발달하면 다른 능력이 퇴화되기 쉽다.

2) 병원 입구에는 한 열 살 가량의 어린아이와 그 엄마로 보이는 여자가 있었다.

3) 내빈 인사는 길지 않아야 한다.

4) 우주의 크기는 상상하기조차 어렵다.

5) 언어학 교재에 따르면 언어는 그 언어를 사용하는 사람의 정신을 비춰 주는 거울이다.

6) 대개 한 달에서 수개월 이내에 해리장애가 해소되지만, 경우에 따라서는 수십 년간 지속될 수도 있다는 것이다. [에 따라서는:によっては, 다는 것이다:そうだ]

7) 당시 아르바이트를 많이 했던 것은 내 학비나 생활비를 벌기 위해서만은 아니었다. [나:や]

8) 마케팅의 목적은 단 하나. 어떻게 하면 상품과 서비스를 소비자에게 뚜렷이 각인시키느냐다.

9) 가장 중요하고 과학적으로 증명되었으면서 비용도 적게 드는 노화 방지 방법이 운동이다.

10) 판소리 연구의 제일인자이신 강한영 교수가 학생들을 위해 특별 강연을 해 주셨다. [강한영:姜漢永]

発展読解練習 7 日本語に訳してみよう。

수박은 껍질이 단단하고 두껍기 때문에 겉보기만으로는 속이 잘 익었는지[1)] 알 수가 없다. 수박을 살 때 수박이 잘 익었는지 알아보기 위해 일본 사람들은 수박을 가볍게 두드려 본다. 한국에도 수박을 두드려 보는 습관이 있지만 두드려 보는 것만으로는 성이 안 차는[2] 것 같다[3]. 가끔 수박을 파는 사람이 수박 한 쪽을 작은 삼각뿔 모양으로 파 내서 손님한테 보여 주는 일이 있다. 손님들은 잘 익은 수박을 자기 눈으로 확인하면 안심하고 살 수 있을 것이다. 대부분의 사람들은 파는 사람이 삼각뿔 모양의 조각을 보여 주면 그 수박을 산다. 이렇게 수박 한 쪽을 잘라서 보여 주는 것은 시장에서 수박 한 통을 통째로 살 때의 이야기이다. 최근에는 과일도 마트[4]에서 사는 경우가 많다. 마트에서는 수박을 팔 때 미리 수박 속을 보여 주는 일은 없다. 그리고 반 통이나 4분의 1쪽씩 포장해서 파는 경우도 많다.

語句

1) 었는지 : たかどうか
2) 성이 차다 : 気が済む
3) 는 것 같다 : ようだ
4) 마트 : 大型スーパー

内容確認問題 次の各文について，本文の内容と一致する文を○，一致しない文を×とした場合，○と×の組み合わせが正しいものを選びなさい。

1) ① 수박을 살 때의 행동은 한국과 일본에서는 좀 다르다.
② 마트에서는 수박을 통째로 안 판다.
ⓐ=①○ ②○　ⓑ=①○ ②×　ⓒ=①× ②○　ⓓ=①× ②×

実用文読解 7

文章全体を日本語に訳してみましょう。

스펙 쌓기[1]에 쫓기는 한국의 대학생

여러분은 '스펙 쌓기'라는 말을 들어본 적이 있습니까? 'specification'의 줄임말인 '스펙(spec)'이라는 단어는 일본에서는 주로 제품의 사양(仕様)을 가리키는 의미로 쓰이지만 한국에서는 사람에게도 쓰입니다. 특히 취업 준비생[2]들이 취직을 하기 위해서 갖추어야 하는 학력, 외국어 점수, 사회 활동 경력 등을 합해서 스펙이라고 합니다.

요즘 한국의 대학생들은 취업 준비를 위해서 많은 노력을 해야 합니다. 학점 관리, 토익과 같은 공인 외국어 점수 획득, 컴퓨터 등의 각종 자격증 취득, 인턴십, 해외 어학연수 등 준비할 것이 한두 가지가 아닙니다.

대학교에 입학해서 캠퍼스의 낭만을 즐길 여유도 없이 스펙 쌓기에 쫓기는 생활을 하게 됩니다. 새벽에는 영어 학원을 다니고 수업 틈틈이 인터넷 방송 강의를 들으면서 다른 자격증 준비도 해야 합니다. 수강 신청날은 학점을 잘 주는 강의를 신청하기 위해 치열한 눈치 작전[3]을 벌이기도 합니다[4]. 동아리 활동도 취미보다는 비지니스 영어, 창업, 재테크[5] 등 취직에 도움이 되는 동아리가 주류가 되었습니다. 봉사활동도 순수한 동기에서가 아니라 취업 지원서 작성에 필요하기 때문에 하는 경우도 있습니다.

사회 문제에 관심을 가지고 학생운동이나 봉사활동에 참여하거나 미팅이나 동아리 활동에 열중하기도 했던 팔구십년대의 대학 문화와는 전혀 다릅니다. 취업을 위해서는 다른 가치를 포기해야 한다는 의미로 삼포 세대(연애, 결혼, 출산을 포기하는 세대)라는 신조어가 만들어지기도 했습니다.

최근에는 이에 대한 반작용으로 '힐링[6] 동아리'가 유행한다고 합니다. 길고양이 돌봄[7] 동아리, 도시농사 동아리, 활쏘기 동아리 등이 그것입니다. 취업난이 심각해지면서 오히려 취업과 무관한 동아리 활동으로 위로를 얻으려고 한다는 것입니다.

語句

1) 스펙 쌓기：スペックアップ
2) 취업 준비생（就業準備生）：就活生
3) 눈치 작전：腹の探り合い
4) 기도 하다：しもする・することもある
5) 재테크：財テク
6) 힐링：ヒーリング
7) 길고양이 돌봄：野良猫の世話

内容確認問題 次の各文について，本文の内容と一致する文を○，一致しない文を×とした場合，○と×の組み合わせが正しいものを選びなさい。

1) ① 요즘 한국의 대학생들은 취업에 관련된 동아리 활동만 한다.
   ② 순수한 동기로 봉사활동을 하는 대학생도 있다.
   ⓐ＝①○ ②○　ⓑ＝①○ ②×　ⓒ＝①× ②○　ⓓ＝①× ②×

2) ① 학점을 짜게 주는 강의는 인기가 없다.
   ② 팔구십년대의 대학생들은 취업에 관심이 없었다.
   ⓐ＝①○ ②○　ⓑ＝①○ ②×　ⓒ＝①× ②○　ⓓ＝①× ②×

08 各種語尾

8 1 前置き・逆接の語尾 −는데

（1）接続形式

品詞	語幹の種類	語尾	例
動詞	母音語幹	는데	만나다 会う → 만나는데
	ㄹ語幹	는데	흔들다 振る → 흔드는데
	子音語幹	는데	씻다 洗う → 씻는데
存在詞	있다/없다	는가	있다 ある・いる → 있는데
形容詞	母音語幹	ㄴ데	아프다 痛い → 아픈데
	ㄹ語幹	ㄴ데	길다 長い → 긴데
	子音語幹	은데	낮다 低い → 낮은데
指定詞	이다/아니다	ㄴ데	(책)이다 (本)だ → (책)인데
過去	−았/−었/−였	는데	받다 受け取る → 받았는데
未来	−겠		먹다 食べる → 먹겠는데

参考

1. ㄹ語幹では語幹末のㄹが脱落し，母音語幹と同じ形式になる点に注意。
2. 母音で終わる体言の後では指定詞の語幹이が脱落することがある。
   모자인데 帽子だが → 모잔데

（2）用法

❶ 前置き：～だが，～すると，～ので

逆接の「−지만 ～が」はその前後で反対の意味内容を持つ語句が現れるが，前置きの「−는데 ～が」は後続の語句の前提となる説明に用いられる。

1) 공부를 하는데 친구가 찾아왔다.

勉強をしていると友人が訪ねてきた。

2) 어제 상기 여자 친구를 봤는데，굉장히 미인이었다.

昨日サンギのガールフレンドを見かけたが，凄い美人だった。

3) 방이 좁은데 가구를 너무 많이 사지 마요.

部屋が狭いから家具を買いすぎないようにしてね。

❷ 逆接：～するのに，～なのに

4) 수미는 초등학생인데 뭐든지 잘 안다.

スミは小学生なのに何でも良く知っている。

5) 이 과자는 비싼데도 잘 팔린다.

この菓子は高いのに良く売れる。

参考　逆接の場合は−는데도になることもある。

8 2 意図と将然の語尾　−(으)려고

動詞の語幹について「～しようと（する，思う）」という意図の意味を表すとともに，「今まさに～しようとする」という将然の意味を表します。

語幹	語尾	例
母音語幹	려고	가다 行く → 가려고
ㄹ語幹	려고	만들다 作る → 만들려고
子音語幹	으려고	먹다 食べる → 먹으려고

6) 나가려고 했는데 비가 왔다.

出かけようとしたら雨が降ってきた。

7) 돈을 벌려고 했지만 일자리가 없었다.

お金を稼ごうと思ったが仕事がなかった。

8) 좋은 결과를 얻으려고 노력했다.

良い結果を得ようと努力した。

9) 해가 뜨려고 한다.

太陽が昇ろうとしている。

8 3 目的の語尾 −(으)러

動詞の語幹について「〜しに（行く，来る）」という意味を表します。

語幹	語尾	例
母音語幹	러	보다 見る → 보러
ㄹ語幹	러	갈다 替える → 갈러
子音語幹	으러	먹다 食べる → 먹으러

10) 영화를 보러 갔다. 映画を見に行った。

11) 친구가 놀러 왔다. 友人が遊びに来た。

12) 밥 먹으러 가요. ご飯を食べに行きましょう。

8 4 理由と確定条件の語尾 −(으)니까

用言の語幹について「〜ので，〜すると」という意味を表します。

語幹	語尾	例
母音語幹	니까	쓰다 書く → 쓰니까
ㄹ語幹	니까	길다 長い → 기니까
子音語幹	으니까	있다 ある → 있으니까

13) 비가 오니까 우산 가져가세요.

雨が降るから傘を持って行ってください。

14) 창문을 여니까 바다가 보였다.

窓を開けると海が見えた。

仮定条件の (으)면と確定条件の (으)니까の違いについて簡単に説明しておきます。

① AするとBする，AしたらBする：仮定条件　(으)면

② AするとBした，AしたらBした：確定条件　(으)니까

①ではAという条件が成立すればBという事態が出現するという仮定の事柄を述べているのに対して，②では既にBという事態は成立していて，その前にAという事態も過去の事実として成立していることを示しています。

15) 걸으면 심장이 튼튼해집니다.

歩くと心臓が強化されます。

16) 걸으니까 숨이 가빠졌다.

歩くと息が切れた。

17) 가볍게 흔들면 가루가 녹습니다.

軽く振ると粉が溶けます。

18) 가볍게 흔드니까 가루가 녹았다.

軽く振ると粉が溶けた。

8 5 助詞　이나/나

−이나/나は으로/로と同様に非常に用法の多い助詞で，文脈に応じて訳し分ける必要があります。以下に基本的な用法をいくつか整理しておきます。

（1）列挙：〜や

19) 사과나 바나나를 샀다.

りんごやバナナを買った。

（2）例示：〜でも

20) 심심한데 음악이나 들을까요?

退屈だから音楽でも聴きましょうか。

（3）容認：〜でも

21) 할 일도 없는데 게임이나 하자.

何もすることが無いからゲームでもしよう。

（4）同様：〜も，〜でも

22) 값은 이거나 저거나 어슷비슷하다.

値段はこれもあれも似たり寄ったりだ。

（5）数量過多：〜も

23) 수강을 희망하는 사람이 100 명이나 왔다.

受講を希望する人が 100 人も来た。

24) 미국의 석유 소비량은 세계 전체의 4 분의 1이나 된다.

アメリカの石油消費量は世界全体の 4 分の 1 にも達する。

（6）数量不定：〜ぐらい

25) 경주까니 얼마나 걸립니까?

慶州までどれくらいかかりますか。

（7）限定：〜だけ

26) 이렇게 어려운 문제는 천재나 풀 수 있다.

こんな難しい問題は天才だけが解ける / 天才にしか解けない。

8 6 疑問詞の不定用法

「언제 いつ, 어디 どこ, 누구 誰, 무엇 何, 몇 いくつの…, 어느 どの…」などを疑問詞と言いますが，これらは「いつか，どこか，誰か，何か，いくつかの，とある」のような不定の意味でも用いられます。平叙文では不定の意味としてしか解釈できませんが，疑問文では疑問と不定の両方の解釈がありえます。ただし発話する際には両者を区別するために，疑問の意味の時は尻下がりの抑揚で，不定の意味の時は尻上がりの抑揚で発音することになっています。

27) a. 어디 가요?　　どこに行きますか。

b. 학생과에 가요.　　学生課に行きます。

28) a. 겨울 방학 때 어디 가요?　　冬休みにどこか行きますか。

b. 네, 부산에 여행을 가요.　　はい，釜山へ旅行に行きます。

読解のポイント 71 − 80

71 漢字語＋되다〈2〉

漢字語＋되다については 6. 4 で解説しましたが，되다が「なる」という意味であることから「漢字語になる」と誤訳する例が多く見受けられます。

1) 쓰시마번의 노력의 결과 조선과의 국교가 재개되었다.

対馬藩の努力の結果朝鮮との国交が｛a. 再開された / b. * 再開になった｝。

72 그때 그 사람

「こそあど」を指示詞と言います。指示詞の用法は眼前に存在するものを話題にするか否かによって大きく現場指示用法と非現場指示用法に分けることができます。現場指示用法は「こ＝이，そ＝그，あ＝저」というように日韓両言語でほぼ一致しますが，文脈指示の「あ」では韓国語は저を用いず，常に그で指示する点が日本語との大きな違いです。従って그때 그 사람は文脈に応じて「その時のその人」とも「あの時のあの人」とも訳せます。

73 −적으로と−적인

으로/로が非常に用法の多い助詞であることについては既に述べましたが，−적으로は「〜的で」ではなく「〜的に」と訳さねばなりません。また，−적인は−적이다（〜的だ）の現在連体形なので，「〜的な」と訳すのが正解です。

2) 그 기업은 적극적으로 투자를 해 나갔다.

その企業は積極的に投資を重ねた。

3) 이상적인 사회 복지란 어떤 것일까?

理想的な社会福祉とはどのようなものだろうか。

74 성공적

73で－적으로と－적인はそれぞれ「～的に」と「～的な」と訳すのが正しいと説明しましたが，中には工夫を要するものもあります。

4）경제 전문가들은 한결같이 유로 도입이 성공적이었다고 평가했다.

経済専門家たちは口を揃えてユーロの導入に成功したと評価した。

75 다 왔어요

韓国留学中に，バスの隣の席に座っていた友人が다 왔어요と言ったので，「え?」と思ったことがあります。筆者はこの다を남거나 빠진 것이 없이 모두（『표준국어대사전』：すっかり・全て）の意味で解釈したので不思議に思ったのですが，友人は행동이나 상태의 정도가 한도에 이르렀음을 나타내는 말（『표준국어대사전』：行動や状態の程度が限度に到達したことを表すことば）として，つまり「もうすぐ着きますよ。」という意味で使ったのでした。

76 動作対象の表現

① 体言＋에 대해(서)：～に対して，～について
② 体言＋에 대한：～に対する…，～についての…

대하다は「対する」という意味の動詞ですが，上記に示した形式でしか用いられることがなく，後置詞と見なす考え方もあります。대하다は動詞なので‘대

한' は過去連体形のはずですが，日本語に訳す際には「〜に対する…」と現在連体形で訳す点にも注意してください。

⑦⑦ 動作主体の表現

① 体言+에 의해(서)：〜によって
② 体言+에 의한：〜による…

의하다は「依拠する」という意味の動詞ですが，上記に示した形式でしか用いられることがなく，後置詞と見なす考え方もあります。의하다は動詞なので의한は過去連体形のはずですが，日本語に訳す際には「〜による…」と現在連体形で訳す点にも注意してください。

5) 양측의 합의에 의해 보상금 지급이 이루어졌다.
双方の合意によって補償金の支給が実現した。

6) 그 교육 이론은 경험에 의한 학습을 중요시한다.
その教育理論は経験による学習を重要視する。

⑦⑧ 関連性の表現

① 体言+에 관하여/관해서：〜に関して
② 体言+에 관한：〜に関する…

관하다は「関する」という意味の動詞ですが，上記に示した形式でしか用いられることがなく，後置詞と見なす考え方もあります。관하다は動詞なので관한は過去連体形のはずですが，日本語に訳す際には「〜に関する…」と現在

連体形で訳す点にも注意してください。

7) 앞으로의 생활에 관해 서로 이야기를 나누었다.
将来の生活に関して互いに話し合った。

8) 지구 온난화에 관한 획기적인 개선안이 제안되었다.
地球温暖化に関する画期的な改善案が提案された。

79 아주, 너무, 매우

これらは全て「とても、すごく、非常に」といった程度を強める副詞ですが，幼稚な印象を避けるために時には「大～」「極～」のような接頭辞に置き換える工夫をすると良いでしょう。

9) 사과를 아주 좋아합니다.　　リンゴが大好きです。

10) 통이 매우 좁은 바지　　極細のズボン

80 아직 멀었어요

75を覚えたので，次の機会に다 왔어요?（もうすぐ着きますか）と尋ねたところ，아직 멀었어요が返ってきました。どうして過去形なんだろうと思いましたが，これは話し手が想定する水準に達していないことを否定的に捉えた「まだ，まだまだ」に該当する表現です。

11) A. 다 왔어요?　　もうすぐ着きますか。
B. 아직 멀었어요.　　まだまだです。

12) A. 우리말 잘 하시네요.　　韓国語がお上手ですね。
B. 아직 멀었어요.　　まだまだです。

基本読解練習 8 日本語に訳してみよう。

1) 식구가 적은데 생선을 세 마리나 사 왔기 때문에 많이 남았다.

2) 자세히 조사해 보니까 그것은 나비도 나방도 아닌 신종 곤충이었다.

3) 계산을 하려고 보니까 지갑이 없어서 당황했다.

4) 엄마는 조금 전에 적금 타러 은행에 가셨어요.

5) 졸고 있는데 전화 벨이 울려서 깜짝 놀랐다.

6) 그 수수께끼는 누구나 다 아는 것인데 나는 못 풀었다.

7) 뒤처리는 제가 알아서 할 테니까 그냥 가세요.

8) 결과가 나올 때까지 계속 노력하겠습니다.

9) 개인주의의 확산으로 인한 개인 사이의 긴장 고조 문제는 타인에 대한 관용, 예절 및 책임감 같은 전통적 가치를 선호하게 만들었다.

10) 현대사회의 개인이나 단체들의 권리는 계약에 의한 법률적 정당성을 기초로 하고 있다.

発展読解練習 8 日本語に訳してみよう。

일본에는 '스모'가 있고 한국에는 '씨름'이 있다. 일본에서는 프로 스모 경기가 열린다. 이것을 '오즈모'라고 하고[1] 1년에 6번 '혼바쇼'라고 불리는 대회가 개최된다. 스모 선수들은 실력에 따라 몇 등급으로 나뉘어진다. 예를 들면 '요코즈나', '오제키' 등이 있는데 각 선수는 대회마다 성적에 따라 등급이 올라가기도 하고 내려가기도 한다. 등급 중에서 요코즈나가 가장 높은 등급이다. 일단 요코즈나가 되면 성적이 나빠도 등급이 떨어지지 않지만 계속해서 성적이 나쁘면 선수를 그만두어야 한다. 한국의 씨름은 체급[2]별로 나뉜다. 태백급, 금강급, 한라급, 백두급 등이 그것이다. 그리고 체급에 관계없이 실력을 겨루는 대회가 있는데, 여기에서 우승한 선수를 '천하장사'라고 한다. 그런데 경기를 하는 방법은 스모와 씨름이 조금 다르다. 스모는 두 사람이 서로 떨어져 웅크린 상태에서 경기를 시작하지만 씨름은 서로의 샅바[3]를 잡은 상태로 일어서서 시작한다. 그리고 스모에는 '도효'라고 불리는[4] 테두리가 있는데 상대방을 밀어서 도효 밖으로 몰아내거나[5] 넘어뜨리면 이긴다. 하지만 씨름에는 도효가 없고 상대방을 넘어뜨리지 않는 한 이길 수 없다. 한국에 있어서의 프로 씨름은 1980년대에 아주 인기가 있었고 텔레비전 중계까지 했었지만 지금은 프로 씨름 경기는 없고 대한씨름협회 민속씨름위원회가 주관하는 체급별 장사 대회만 치러진다. 중국이나 몽골, 베트남 등에도 스모나 씨름과 비슷한 경기가 있다.

語句

1) 라고 하다 : という
2) 체급 : 運動競技において選手の体重によって定められたクラス
3) 샅바 : 太腿に締める細い帯
4) 라고 불리다 : と呼ばれる
5) 거나 : たり

実用文読解 8

文章全体を日本語に訳してみましょう。

효과적인 암기법

19세기 후반에 에빙하우스(Ebbinghaus)라는 학자가 시간 경과에 따른 망각의 경향을 연구하여 아래와 같은 그래프를 만들었다. 일반 어휘일 경우 개인 차가 실험 결과에 영향을 줄 수 있으므로 자음과 모음을 무작위로 배열한 단어를 고안하여 피험자에게 학습시킨 후 시간의 흐름에 따른 기억 유지율을 조사하였다.

〈 에빙하우스 곡선 〉

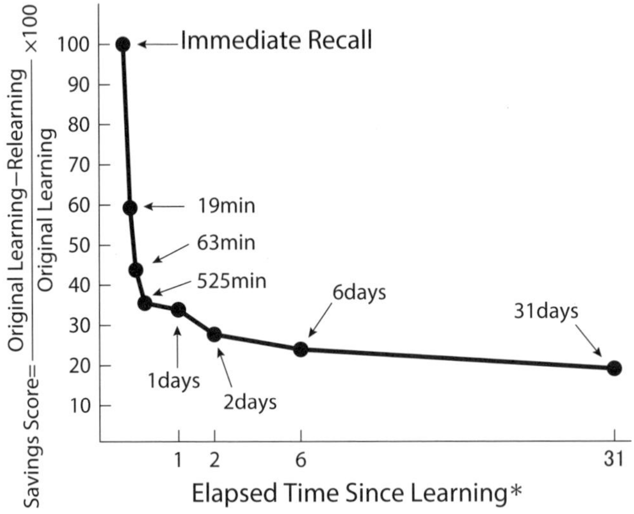

위의 그래프에 의하면 학습 후 20분이 지나면 기억한 것의 42% 정도를 잊어버리고 하루가 지나면 67%, 31일이 되면 거의 80% 가까이 망각하게 된다.

이와 관련하여 효율적인 기억법에 대한 연구들이 진행되었다. 기억은 감각기억, 단기기억, 장기기억으로 나뉘는데 학습에 있어서 중요한 것은 단기기억을 장기기억으로 전송하는 것이다.

우선 양적인 측면에서 반복 학습이 중요하다. 긴 시간을 투자하여 한번에 외우려고 하기보다는 일정한 시간 간격을 두고 가볍게 여러 번 암기하는 것이 효율적이라고 한다. 또한 질적인 측면에서 기억의 처리 과정 또한 중요하다. 해당 내용을 개념 그 자체로 암기하려고 하는 것보다는 자신의 경험이나 감정과 관련시켜서 기억하는 것이 효과적이다. 과거에 겪은 에피소드와 연결시키기, 실제로 자신이 사용할 수 있는 표현으로 재구성해 보기 등이 이에 해당한다. 말장난하듯이 철자의 배열을 바꿔 보거나 다른 단어와 연관시켜서 외울 수도 있다. 이러한 방법에 의해 장기기억으로 전송된 내용은 오랫동안 머릿속에 보존된다.

본인의 경험을 하나 이야기해 보면 일본어의 기호명인 'アスタリスク'라는 단어가 좀처럼 외워지지 않아서 '아스타에는 항상 리스크가 있다.'라는 문장을 만들어서 암기한 적이 있다. 말도 안 되는 내용이지만 이러한 표현을 만든 것 자체가 스스로에게 재미있는 에피소드로 기억에 남았기 때문에 아마도 이 단어는 평생 잊어버리지 않을 것 같다.

＊（資料参照）

https://www.researchgate.net/figure/Ebbinghaus-forgetting-curve_fig2_321959834

LESSON

09 変則用言

9 1 変則用言のまとめ

(1) 変則用言とは

語尾を付けた際に語幹の形が変化するものを変則用言といいます。語幹の形が変化するという意味で，ㄹ語幹を変則用言に含める考え方もあります。本書では過去形や連体形などを原形に戻す方法を解説する際に変則用言に関して触れていますが，この課で一度整理しておくことにします。

韓国語の変則用言は英語の変則動詞と比べると，不規則性が弱いということが言えます。たとえば，英語の動詞がどのように活用するかを見てみましょう。

原形	意味	過去	過去分詞
① bake	パンを焼く	baked	baked
② make	作る	made	made
③ take	取る	took	taken

①②③のすべてが -ake という共通の綴り字で終わっていますが，過去と過去分詞はそれぞれ独特の活用形になるのはご存じですね。これに対して韓国語では語幹末の綴り字が分かればどのような活用をするのかがほぼ予測できます。そこで韓国語では語幹末の綴り字が変則用言の名称として用いられます（ただし러変則は活用形が変則用言の名称になっています)。

（2）母音語幹の変則用言

母音語幹の変則用言は語幹に아/어が続いた時にだけ語幹の形が変わります。語幹が母音のㅡで終わる用言は以下のいずれかに属します。

❶ 으変則

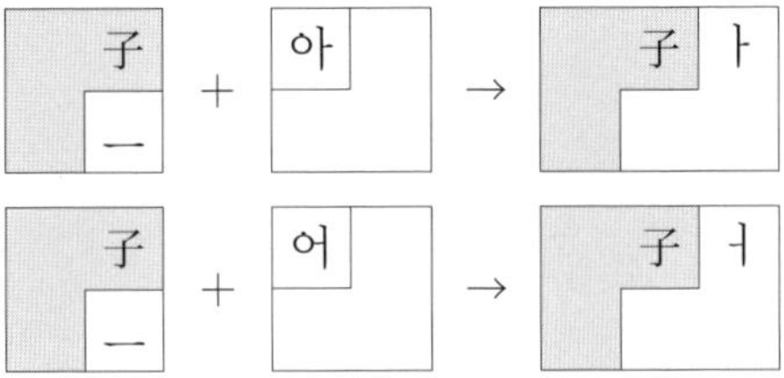

❷ 르変則

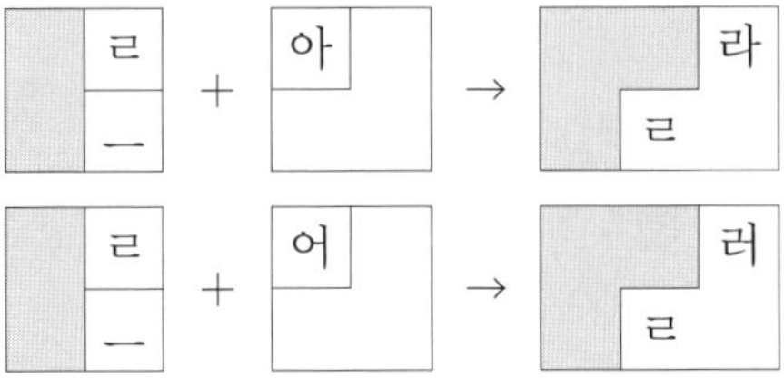

❸ 러変則

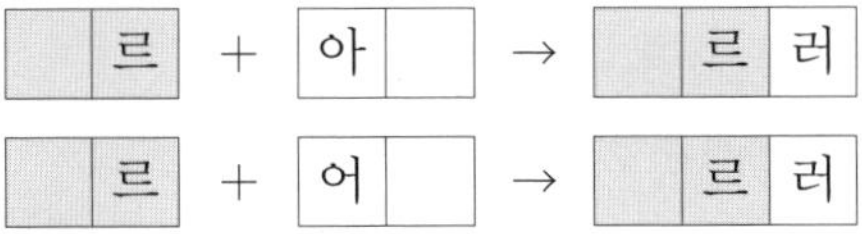

参考

1. 母音語幹の変則用言に아/어のどちらが付くかは，語幹の最後から2番目の母音の陰陽によってきまる。ただし単音節語幹では어が付く。
2. 語幹が르で終わる으変則は따르다（従う），따르다（注ぐ），치르다（支払う），들르다（立ち寄る），다다르다（到達する）のみであり，語幹が르で終わる러変則は이르다（至る），푸르다（青い）のみである。

(3) 子音語幹の変則用言

子音語幹の変則用言は語幹に아/어が続いた時および으が続いた時にだけ語幹の形が変わります。

❶ ㄷ変則

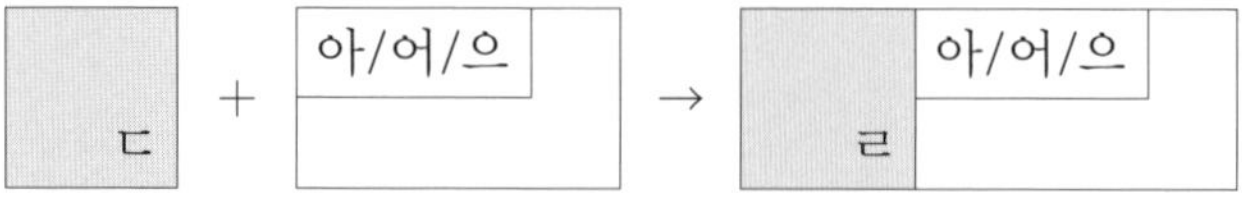

参考　語幹がㄷで終わる動詞の一部がㄷ変則

❷ ㅂ変則

(ⅰ) 으で始まる語尾や補助語幹が続くとき

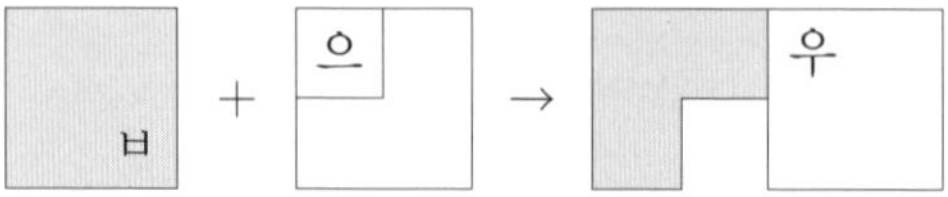

(ⅱ) 아/어で始まる語尾や補助語幹が続くとき

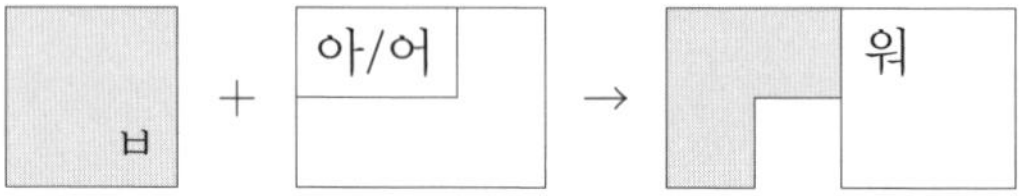

参考　1. 語幹がㅂで終わる形容詞のうち좁다 (狭い), 수줍다 (恥ずかしい) 以外のすべてと動詞の一部がㅂ変則

2. 곱다 (美しい) と돕다 (助ける) のみは 고와/도와となる

❸ ㅅ変則

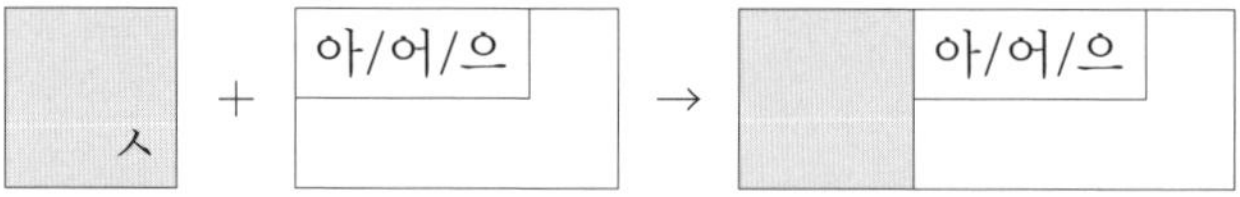

参考　語幹がㅅで終わる用言の一部が ㅅ 変則で，縮約しない。

❹ ㅎ変則

(ⅰ) 으で始まる語尾や補助語幹が続くとき

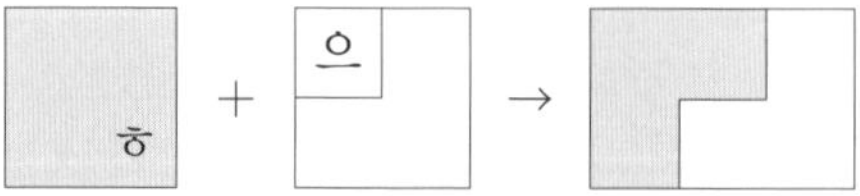

（ii）아/어で始まる語尾や補助語幹が続くとき

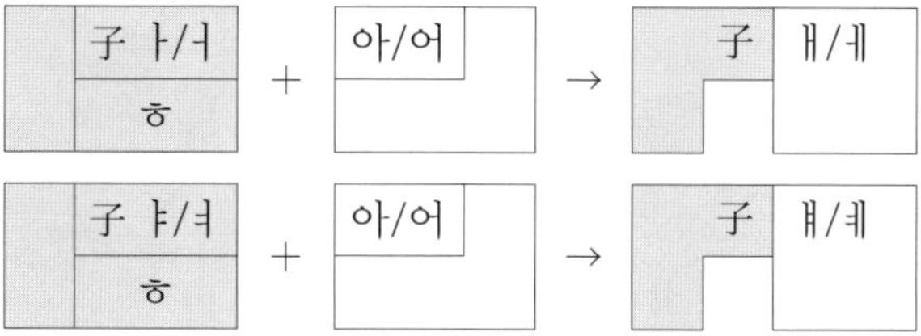

参考　1．語幹がㅎで終わる形容詞のうち좋다（狭い）以外のすべてはㅎ変則。

2．이렇다, 그렇다, 저렇다, 어떻다のみは母音がㅔではなくㅐになる。

9　2　連体形による拡張構文

（1）経験

① 過去連体形 적이 있다：～たことがある

② 過去連体形 적이 없다：～たことがない

③ 過去連体形 일이 있다：～たことがある

④ 過去連体形 일이 없다：～たことがない

参考　過去連体形の部分がしばしば「連用形 본」になる。

1) 김치를 먹어 본 적이 있어요?

キムチを食べたことがありますか。

2) 나는 하루도 연습을 거른 적이 없다.

私は一日も練習を欠かしたことがない。

（2）様態

① 現在連体形 것 같다：～するようだ

② 過去連体形 것 같다：～したようだ

③ 未来連体形 것 같다：～しそうだ

3) 지금 통화중인 것 같아요.

今話し中のようです。

4) 그의 태도가 오해를 낳은 것 같았다.

彼の態度が誤解を生んだようだった。

5) 이 책은 많이 참고가 될 것 같습니다.

この本はとても参考になりそうです。

（3）手段・状況

現在連体形 데：～のに

「～するのに，する場合に」など，手段や状況を表します。

6) 이것은 동양 사상을 이해하는 데 매우 중요하다.

これは東洋思想を理解するにあたって非常に重要だ。

7) 이것은 머리 아픈 데 먹는 약입니다.

これは頭が痛い時に飲む薬です。

8) 인공위성을 궤도에 올리는 데 성공했다.

人工衛星を軌道に乗せるのに成功した。

（4）同時

① 現在連体形 사이(에)：～している間に，する間に

② 過去連体形 사이(에)：～していた間に，した間に

③ 現在連体形 중이다：～しているところだ

④ 現在連体形 중에：～している最中に

9) 그러는 사이 건강은 날로 악화하였다.

そうしている間に健康は日増しに悪化した。

10) 딸이 잠깐 나간 사이에 아버지는 딸의 가방을 뒤적거렸다.

娘がちょっと出て行った隙に父は娘のカバンをかき回した。

11) 지금 손님하고 이야기하는 중인데 30분쯤 후에 다시 전화할게.

いまお客さんと話しているところだから30分ほどしてから電話するね。

読解のポイント　81－90

⑧① 語尾の－는데と連体形＋形式名詞の－는 데

8. 1で解説した前置き・逆接の語尾‘－는데’と9. 2（3）で解説した手段や状況を表す‘－는데’は，分かち書きをするかしないかという違いだけで綴り字と発音が同じなので，母語話者でも両者をよく混同し，分かち書きすべきところを続けて書く例をよく目にします（出版物にも時折そのような例が見受けられます）。

‘데’は「所，場合」という意味を持つ形式名詞なので「～するには」という意味を表そうとすれば助詞を付けて‘－는 데에는’とすべきなのでしょうが，実際には‘－는 데는’あるいは‘－는 데’という形式で用いられることの方が多いです。

⑧② 살고 있다と살아 있다

1）京都に住んでいます。　　교토에 {a. 삽니다 / b. 살고 있습니다}.

2）生きています。　　살아 있습니다.

3）住んでいる家　　{a. 사는 / b. 살고 있는} 집

4）住んでいた家　　{a. 살던 / b. 살았던} 집

5）生きた証拠　　산 증거

⑧③ 면서

면서は動作・状況が同時に存在することを示します。通常は「ながら」と訳しますが，「～する際に」と訳す方が自然な日本語になることもあります。

6) 미국은 영국에서 독립하면서 영국이 만든 기존 질서를 바꾸기 위해

우측통행을 선택했다는 말도 있다.

アメリカはイギリスから独立する際に，イギリスが作った既存秩序を変えるために，右側通行を選択したという説もある。

84 본의 아닌

否定の指定詞 ‘아니다’ に先行する体言には ‘이/가 ～で（ない），은/는 ～では（ない），도 ～でも（ない）’ などの助詞が付くのが基本ですが，時として助詞を付けずに用いられることがあります。

7）본의 아닌 결과가 나왔다.　　　不本意な結果になった。

85 여러と여러 가지

‘여러’ 単独でも「さまざまな，いろいろな」という意味で用いられますが，実際には ‘여러 가지’ という形式で用いられる場合の方が多いようです。なお,‘여러 명’ と言うと数名というニュアンスではなく「多数」というニュアンスを持つので注意してください。

86 가능한 빨리

ことばは時の流れとともに変化していきます。韓国語も例外ではなく，表題の表現は 2000 年代になって盛んに目にするようになりました。これを分析すると，形容詞가능하다（可能だ）の連体形が副詞빨리（はやく）を修飾するという文法的に成り立たない構造をしています。正しくは連体形を受ける名詞한（限り）を備えた「가능한 한 빨리 できるだけ早く」であろうと思われますが，

表題の表現は新聞紙上のみならず国立国語院のホームページに現れるほど蔓延しています。

87 곧の範囲

곧については，「直ちに」と「すなわち」の二つの意味を覚えている人が多いようですが，時間的にはもう少し余裕があります。例えば、機内放送で곧 도착하겠습니다と聞こえてから着陸までの時間を測ったところ 15 分でしたし，곧 올 겁니다と言って 10 分後に到着しても許容範囲だそうです。つまり곧は「まもなく」という意味も持っています。これから先の話は個人差があると思いますが，バス停でバスを待っている時の発言として곧 올 겁니다と금방 올 겁니다ではどちらの方が早くバスが来るような感じがしますかと尋ねたところ，ほぼ全員から後者だという答えが返ってきました。

88 앉아 주세요

この表題文を見て違和感を抱いた方は，かなりの実力をお持ちです。日本語では丁寧な指示と丁寧な依頼を区別せずにどちらも「てください」と言いますが，韓国語では前者に対して(으)세요を，後者に対して아/어 주세요を使います。わかりやすく言うと、話し手が利益を受けるのが丁寧な依頼で，それ以外が丁寧な指示です。「お座りください」は丁寧な指示なので通常は앉으세요を使います。ところが先日앉아 주세요という発言を聞きました。どんな場面かというと，機体が揺れてベルト着用のサインが出ているときに立ち上がった乗客に対して CA が「お願いだからどうか座ってください」という気持ちで発

した言葉です。

89 들の訳し方〈1〉

들とは，複数を示す接尾辞です。韓国語においては，単数と複数の区別は英語とは異なり義務的ではありませんが，日本語と比べると複数の接尾辞を使うことが多いです。従って，日本語訳に際しては，多少の工夫を要します。

① (人間を示す名詞に付いて) たち，ども，ら：

아이들 子供たち, 너희들 お前ら

② 繰り返し記号「々」を用いる：

사람들 人々, 집들 家々

90 들の訳し方〈2〉

③「諸」「各」を用いる：외신들 外国通信各社

8) 그 주장에는 사회적 갈등을 심화시킬 수 있는 요소들이 다분히 포함돼 있다.

その主張には社会的葛藤を深める可能性のある諸要素が多分に含まれている。

④ (語尾や副詞について) 主語が複数であることを示す：みな。皆それぞれ。

9) 다음 시간에는 리포트를 가지고들 오세요 .

次の時間には全員がレポートを持ってきてください。

⑤ 必ずしも訳す必要はない。

基本読解練習 9 日本語に訳してみよう。

1) 값은 훨씬 저렴하면서도 디자인이나 품질은 뒤처지지 않는 제품을 만들어 내는 데 주력했다.

2) 소득이 늘고 건강에 대한 관심이 높아지면서 2000년대는 바야흐로 와인의 시대를 맞은 것 같다.

3) 거물급 스타의 때 아닌 요청에 당황했지만 흔쾌히 응해 줬다.

4) 그들 형제가 무거운 마음으로 목욕탕에서 땀에 젖은 옷을 벗고 있는데 아버지가 손수 뜨거운 물이 든 양동이를 들고 와서 내려놓았다.

5) 한국과 일본은 지리적으로 가까워 비슷한 점도 많지만 분명 차이도 있습니다.

6) 술이 과했던 형이 자기도 모르는 사이에 소화기의 안전핀을 뽑고 손잡이를 눌렀습니다.

7) 역사 학습은 과거 사실로서의 역사를 바르게 이해하는 데에서 출발해서 궁극적으로는 현재를 살고 있는 우리들의 성장을 기약하는 것이다.

8) 내가 좋아하는 작가의 글이 떠올랐다.

9) 하객 1천여 명은 깔끔하게 정장을 차려입은 신랑과 새하얀 드레스로 눈이 부신 신부를 뜨거운 박수로 축복했다.

10) 평소 잘 걷지 않던 사람이 갑자기 걸으면 오히려 몸에 해로울 수 있다.

発展読解練習 9 日本語に訳してみよう。

해가 떴습니다. 하늘에는 구름 한 점 없고 햇빛이 쨍쨍 내리쬡니다. 오늘은 더운 날씨가 될 것 같습니다. 숲에서는 새들이 즐겁게 우는 소리가 들립니다. 시원한 바람이 불어 옵니다. 나뭇가지가 조금 흔들립니다. 다람쥐가 나무 위로 올라가는 것이 보였습니다. 다람쥐 볼은 도토리로

부풀어 있습니다. 한 쌍의 원숭이가 나무를 오르내립니다. 나무 위에서는 어미 원숭이가 아기를 안고 있습니다. 아기 원숭이는 젖을 빨고 있습니다.

들에서는 나비가 납니다. 나비는 이 꽃에서 저 꽃으로 날아다닙니다. 저쪽에서 벌이 날아옵니다. 벌은 꽃에서 꿀을 모아서 집으로 나릅니다. 벌은 육각형 집을 지어 삽니다. 일벌이 열심히 일을 하고 여왕벌이 알을 낳습니다.

들 한가운데에 시냇물이 흐르고 있습니다. 냇가에는 노란 민들레가 피어 있습니다. 개구리가 개굴개굴 시끄럽게 웁니다. 물 속에서 송사리 무리가 헤엄치고 있습니다.

実用文読解 9

文章全体を日本語に訳してみましょう。

명절 음식 잡채 만들기

설 명절을 맞아 오늘은 한국 전통 요리인 잡채를 만들어 보겠습니다. 이것저것 볶는 것이 번거로워서 평소에는 잘 해 먹지 않는 음식인데요. 오래간만에 만들어 보는 것 같습니다. 여러분, 잡채 만들었을 때 면발이 불어서 곤란한 적 있으셨죠? 오늘 제가 알려 드린 대로 하시면 붇지 않고 항상 탱글탱글 맛있는 잡채를 드실 수 있습니다. 그럼, 먼저 재료 소개해 드릴게요. 3~4인분이고요. 계량은 밥숟가락으로 했습니다.

· 당면 200g, 돼지고기(안심) 100g, 양파 1/2 개, 당근 1/3개, 시금치 두 줌, 표고버섯 3개(표고버섯 대신에 느타리버섯 넣으셔도 되고요. 목이버섯도 있으면 좋습니다. 야채는 흰색, 빨간색, 초록색 등 색깔 맞춰서 넣어 주시면 보기도 먹기도 좋은 잡채가 됩니다.)

· 고기 밑간 양념: 간장 2, 청주 1, 설탕 0.5, 참기름 1, 다진 마늘 0.5

· 당면 양념: 간장 5, 설탕 2, 참기름

· 기타: 소금, 간장, 설탕, 식용유, 참기름, 통깨

제일 먼저 당면을 찬물에 담가 30분 정도 불려 주세요. 그 사이에 다른 재료를 준비하면 시간이 딱 맞습니다. 다음으로 돼지고기에 밑간을 해 둘게요. 키친타월로 톡톡 두드려서 핏물을 제거하세요. 그 다음에 위의 고기 밑간 양념을 넣고 조물조물[1] 해서 냉장고에 잠깐 넣어 두세요. 돼지고기 대신에 소고기를 써도 됩니다.

양파, 당근은 채 썰어 놓으시고요. 버섯은 먹기 좋은 크기로 잘라서 간장

1, 참기름 1, 설탕 조금 넣고 밑간을 해 주세요. 시금치는 뜨거운 물에 살짝 데친 다음에 소금, 참기름, 통깨를 넣고 조물조물 무쳐 놓으세요.

이제 재료들을 볶을 순서인데요. 달군 팬에 양파, 버섯, 당근, 고기 순으로 각각 따로 볶아 줍니다. 색과 양념이 연한 것부터 진한 순서대로 볶습니다. 양파와 당근은 볶으면서 소금으로 살짝 간을 하세요.

다음은 당면 준비인데요. 먼저 위의 당면 양념을 모두 섞어서 미리 준비해 놓습니다. 당면은 끓는 물에 7~8분 정도 삶으시면 되는데요. 제품 설명서에 있는 시간을 참고하세요. 삶은 당면은 찬물에 살짝 헹군 후 체에 밭여서 물기를 빼 줍니다. 그리고 팬에 식용유 두르고 삶은 당면과 미리 만들어 둔 당면 양념을 넣고 물기가 없어질 때까지 볶아 주세요. 사람에 따라 입맛이 다르니까 간을 보면서 양념의 양은 조절하세요.

볶은 당면을 식힌 후에 준비해 두었던 다른 재료들과 함께 섞어서 버무려 주세요. 입맞에 맞춰서 간장, 참기름 등을 가감해서 넣으시고요. 마지막으로 통깨를 뿌리시면 완성입니다.

語句　1) 조물조물：軽くもむ様子

※ポイント88で述べたように，文法的には넣어 주시면/불려 주세요/해 주세요/볶아 주세요/버무려 주세요はそれぞれ丁寧な指示を表す넣으시면/불리세요/하세요/볶으세요/버무리세요と書くのが正しいが，ブログという文章の性格を考慮して丁寧な依頼の形式で書いておいた。

LESSON

10 引用文

10 1 引用文とは

「～って言ってるよ」「～と思います」のように，情報や考えを伝える構文を引用文と言います。

（1）基本型

現在	指定詞	語幹＋라고 하다の活用形	例1）例2）
	動詞 形容詞 存在詞	格式非丁寧体＋고 하다の活用形	例3） 例4） 例5）
過去 未来	全て	格式非丁寧体＋고 하다の活用形	例6） 例7）

1）21세기의 화두는 인간, 과학, 그리고 환경이라고 할 수 있다.

21 世紀に最も注目されるのは，人間，科学，そして環境だといえる。

2）그 의사는 음식이 단순히 식품이 아니라고 한다.

その医者は，食べ物は単なる食品ではないと言う。

3）지구상의 광물 중 70여 종만이 보석으로 인정받는다고 한다.

地球上の鉱物の中で 70 種のみが宝石として認められるそうだ。

4）리포트 준비 때문에 아주 바쁘다고 합니다.

レポートの準備のためにとても忙しいそうです。

5）지금 집에는 아무도 없다고 합니다.

今家には誰もいないそうです。

6) 우승한 순간 머릿속이 하얗게 돼 아무 생각이 들지 않았다고 합니다.

優勝した瞬間頭の中が真っ白になってどんな思いも浮かばなかったそうです。

7) 법인세 인하 방안을 곧 공개하겠다고 한다.

法人税引き下げの方策を直ちに公開するそうだ。

（2）引用文連体形

引用文はしばしば後続の名詞を説明する形式，すなわち連体形で用いられます。また，その際にはほとんどの場合，고 하が脱落した縮約形라는/다는が用いられます。

8) 차별이나 편견이라고 하는 것은 무지가 만들어내는 것이다.

差別や偏見というものは無知が作り出すものだ。

9) 근대 이후 개인의 권리라는 개념이 나왔다.

近代以降個人の権利という概念が現れた。

10) 감자를 많이 먹으면 오래 산다는 말이 있다.

ジャガイモをたくさん食べると長生きするという説がある。

（3）하다の活用

引用文を導く하다は，文末で합니다/해요/한다と活用するだけでなく，文中で様々な語尾と共に用いられます。

11) 오빠는 며칠 동안 누구와도 말을 하려고 하지 않았다.

兄は数日の間誰とも話をしようとしなかった。

12) 그가 한번 하겠다고 하면 아무도 말릴 수 없었다.

彼が一度やるといえば誰も止めることができなかった。

13) 제가 아무리 모른다고 해도 믿어 주지 않았습니다.

私がいくら知らないといっても信じてくれませんでした。

（4）伝達動詞

引用文を導く動詞を伝達動詞と呼びます。伝達動詞としては，하다以外に「믿다 信じる，생각하다 思う，듣다 聞く，묻다 尋ねる，밝히다 明らかにする」など様々な動詞が用いられます。

14) 아름다움은 의식 형태 , 국경 , 언어 , 시간을 초월한다고 믿습니다.

美は意識形態，国境，言語，時間を超越すると信じています。

15) 동서양을 막론하고 고대인들은 기상 현상을 신의 조화라고 생각했다.

洋の東西を問わず、古代の人々は気象現象を神の造化だと考えた。

16) 결혼할 나이가 되지 않았느냐고 묻는 친지들에게 그는 곧잘 책과 결혼했다고 말한다.

結婚する年になったのではないかと聞く知り合いに，彼はよく本と結婚していると言う。

10 2 終結語尾

文末に用いる語尾を終結語尾と言います。

（1）問い合わせの語尾

語幹	語尾	例
母音語幹	−ㄹ까요	가다 行く → 갈까요
ㄹ語幹	−까요	만들다 作る → 만들까요
子音語幹	−을까요	먹다 食べる → 먹을까요

17) 같이 가실까요?　　ご一緒なさいますか。

18) 무엇을 만들까요?　　何を作りましょうか。

19) 이 요리 매울까요?　　この料理辛いでしょうか。

（2）意志表明の語尾

語幹	語尾	例
母音語幹	−ㄹ게요	가다 行く → 갈게요
ㄹ語幹	−게요	만들다 作る → 만들게요
子音語幹	−을게요	있다 ある → 있을게요

20) 먼저 갈게요.　　先に行きますからね。

21) 무게는 제가 달게요.　　重さは私が量りますからね。

22) 표는 제가 끊을게요.　　切符は私が買いますからね。

（3）発見・詠嘆の語尾

語幹	語尾	例
母音語幹	−네요	예쁘다 美しい → 예쁘네요
ㄹ語幹	−네요	놀다 遊ぶ → 노네요
子音語幹	−네요	있다 ある → 있네요

23) 어, 비가 오네요.　　あれ，雨が降ってますね。

24) 생각보다 머네요.　　思ったより遠いですね。

25) 그림을 잘 그렸네요.　　絵が上手に描けましたね。

（4）確認の語尾

用言語幹+지요/죠

① 話し手の判断を穏やかに伝える：でしょう，ですよ。

26) 주말에 자주 바비큐 파티를 열지요.

週末によくバーベキューパーティーを開きます。

② 聞き手の同意を求める：でしょう。

27) 음식의 재료나 조리법은 나라마다 다르지요?

食べ物の材料や調理法は国ごとに違いますよね。

③ 聞き手に丁寧に勧める：したらどうですか。

28) 자 어서 드시지요.

さあ，どうぞお召し上がりください。

10 3 連体形による拡張構文〈2〉

（5） 覚悟・当為

① 現在連体形 이상(은)：～する以上（は），な以上（は）

② 過去連体形 이상(은)：～した以上（は）

29) 출전하는 이상 이길 겁니다.

出場する以上勝つつもりです。

30) 사장인 이상 책임을 져야 한다.

社長である以上責任を負わなければならない。

31) 회사를 만든 이상 돈을 벌어야 한다.

会社を作った以上お金を儲けなければならない。

（6） 比況

① 現在連体形 것처럼：～するように，なように

② 過去連体形 것처럼：～した（かの）ように

③ 未来連体形 것처럼：～するかのように

32) 모든 미술 작품이 작가의 사고방식, 경험, 감정, 인격 등을 반영하고 있는 것처럼 한 민족의 미술은 그 민족의 역사, 문화, 민족성을 반영하고 있다.

あらゆる美術作品が作家の考え方・経験・感情・人格などを反映しているように，一民族の美術はその民族の歴史・文化・民族性を反映している。

33) 나는 비밀을 알아챈 것처럼 가슴이 뛰었다.

私は秘密に気づいたかのように胸がドキドキした。

34) 지금이라도 비가 쏟아질 것처럼 바람이 더욱 어지럽게 불기 시작했다.

今にも雨が降り出すかのように風が一層激しく吹き始めた。

読解のポイント　91－100

⑨① 그분 소개시켜 주세요

6. 4 で漢字語の動作性名詞に시키다を付けると使役動詞になると説明しました。それに従うと表題文は「その方を紹介させてください。」となり，話し手が聞き手に対して第三者を紹介することの了解を求めている場面だと解釈できます。ところが日常生活では話し手が聞き手に対して第三者を紹介して欲しいと依頼するときに使われることが多いようです。

⑨② 시내 구경 시켜 주세요

これも紛らわしい表現の一つです。話し手が聞き手に対して「市内を見学させてください，市内を案内してください」と依頼するときに使わます。

⑨③ 개

最近「一歳違い」を「一個違い」という若い人が増えているようです。韓国語の개は日本語の「個」よりも使われる範囲が広く，以下のような使用例が見られます。

1) 1967년 내셔널리그 (NL) 는 10개 구단을 12개로 확대할 것을 발표했다.
   1967年ナショナルリーグ (NL) は 10 球団を 12 球団に拡大すると発表した。
2) 서울, 부산, 대전, 광주, 강원 강릉, 제주 등 6개 도시
   ソウル，釜山，大田，光州，江原道江陵，済州の6都市
3) TV와 라디오 채널 1개씩을 합쳐

テレビとラジオのチャンネルを1つずつ合わせて

94 죽을 준비 해라

韓国には동문서답（東問西答）という言葉があります。日本ではさしずめ落語の「コンニャク問答」といったところです。

高校生向けの教科書で読んだ話ですが，夜中にAさんの家に押し入ってきた強盗が包丁を突きつけながら죽을 준비 해라と言ったところ，Aさんが밥이면 안 돼요?と答えた，というものです。ポイントは53で取り上げた未来連体形と助詞が同じ形になる点です。強盗は「死ぬ覚悟をしろ」と言ったのにAさんは「粥を準備しろ」と解釈して「ご飯じゃダメですか」と答えたという話です。筆者はかつてこのような活用形が同じ形になるものを論文にまとめたことがあります。（「朝鮮語の同形異語について」『朝鮮学報』第133輯）

95 회수권

昔，韓国人の先生から聞いた話です。“회수하니까 화수권이라고 하는 줄 알았는데 한자를 보니까 안 그렇네요.” 入門段階の方には少し難しいかもしれませんね。日本に来て「回数券」という漢字表記を見て誤解に気づいたという話です。ただ，このような誤解が生じるのも無理からぬ事情があります。回収と回数はそれぞれ회수，횟수と綴るのに回数券は회수권と綴るからです。発言の日本語訳は「回収するから回収券というのだと思っていましたが，漢字を見るとそうじゃないんですね。」です。

読解のポイント 91－100

96 잠을 자다

本来は目的語を取ることのない自動詞が，派生関係にある名詞を目的語として取ることがあります。このような目的語を同族目的語と呼びます。

4) 추다 踊る：춤 踊り → 춤을 추다 踊りを踊る

5) 살다 生きる：삶 生活 → 삶을 살다 生を生きる

6) 자다 眠る：잠 眠り → 잠을 자다 （眠りを）眠る

7) 꾸다 夢見る：꿈 夢 → 꿈을 꾸다 夢を見る

97 몸을 담궜다と김치를 담았다

最近담그다の活用が揺れています。몸을 담갔다と書くべきところを，부모의 손에 이끌려 수영장에 처음 몸을 담궜다.（両親の手にひかれて初めてプールに身を沈めた。『東亜日報』2007年3月25日）と書く人が増えていますし，김치를 담갔다（キムチを漬けた）と書くべきところを김치를 담았다と書く人が増えています。

98 아침 점심 저녁

表題の語句は基本語彙なので，「朝食，昼食，夕食」だというのはすぐにお分かりですね。ところが日常生活でこの3つを並べて使うと，「朝昼晩」という意味にもなります。

99 도서관부터　順序の起点

助詞「から」に関して最初に学ぶのは場所の起点には에서がつき，時の起

点には부터が付くというものです。ところが도서관부터/국부터のように時の名詞以外に부터が付くことがあります。これは「～を最初に」という順序の起点を示す場合に用いられる부터です。

100 걸었다, 걸면, 걸으면, 걸은

3. 4（1）❸で解説したように，걸었다の原形はㄹ語幹の걸다（掛ける）とㄷ変則の걷다（歩く）の2通りの可能性があります。ところが걸면は3.5で解説したように，ㄹ語幹の걸다（掛ける）に戻ります。それでは걸으면は初歩的なミスかというとそうではなくて，ㄷ変則の걷다に으면が付いた形です。걸은も同様に걸다には戻らず걷다に戻ります。以上をまとめるとㄹパッチムに子音が続くとㄹ語幹，ㄹパッチムに아/어が続くとㄹ語幹とㄷ変則の2通り，ㄹパッチムに으が続くと必ずㄷ変則，ということになります。

基本読解練習 10 日本語に訳してみよう。

1) 고전경제학에서는 사람들이 자기 이익을 극대화하려고 합리적인 계산에 따라 경제 활동을 한다고 믿었다.

2) 젊은 직장인에게 야근 하면 떠오르는 것이 무엇이냐고 물으니까 설문 조사에 응한 한 응답자는 짜장면이라고 답했다.

3) 감자에 많이 들어 있는 비타민C는 암세포의 증식을 둔하게 하고 발암 물질의 발생도 억제한다고 한다.

4) 우리에게는 그 상황을 충분히 극복할 수 있을 것이라는 신념이 있었다.

5) “가족이시죠? 많이 닮으셨네요.”

6) 육지에서 멀리 떨어진 섬에서는 무엇을 먹고 사느냐고 물었다.

7) 한번 떠맡은 이상 제가 책임지고 처리할게요.

8) 과거에는 제조업을 일으키는 것과 주변 환경을 오염시키지 않는다는 것은 모순처럼 보였으나, 이제 꼭 그렇지는 않다.

9) 나에게 독서는 숨을 쉬는 것처럼 자연스러운 일이다.

10) 달 탐사 위성 ‘가구야’가 H2A로켓 13호에 실려 성공적으로 발사됐다고 발표했다.

発展読解練習 10 日本語に訳してみよう。

어느 날 사이 좋은 친구들 셋이서 바닷가에 있는 마을로 여행을 갔습니다. 그 마을까지는 고속버스를 타고 2시간 걸렸습니다. 3사람은 마을에 도착한 후 낚시도 하고 수영도 했습니다. 저녁에는 호텔에서 신선한 생선을 배부르게 먹었습니다. 맥주도 8병이나 마셨습니다.

다음날 아침 종업원이 계산서를 가지고 방에 왔습니다. 3명은 20만원씩 모두 60만원 냈습니다. 종업원이 숙박비를 프런트에 가져갔더니[1] 지배인이 5만 원을 깎아 주었습니다. 5만 원을 받은 종업원은 복도에 나와서 이렇게 생각했습니다. '돌려줘야 할 돈은 5만원인데 손님은 3명이다. 내가 2만원을 가지고 만원씩 돌려 주는 편이 계산하기 쉽다.'

여기서 문제입니다. 손님들은 20만 원씩 내고 나중에 만 원을 받았으니[2] 한 사람당 19만 원씩 낸 셈입니다. 19만원 곱하기[3] 3은 57만 원이고 거기에 종업원이 가지는 2만 원을 더하면 59만원이 됩니다. 나머지 만 원은 어디로 갔을까요?

語句
1) 았더니 : したところ
2) 으니 : ので
3) 곱하기 : 掛ける（ことの）

内容確認問題 この話の矛盾点を考えてみよう。

実用文読解 10

日本ではカラスは不吉なイメージを持っていますか。

한국에서는 까치는 길조, 까마귀는 흉조라는 인식이 있다. 까치가 울면 반가운 손님이 찾아온다고 생각하며 반대로 까마귀를 보면 재수가 없다고 하고 울음소리도 싫어한다. 그렇지만 까마귀에 대해 부정적인 인식만 있는 것은 아니다. 까마귀는 자기 어미가 늙으면 벌레를 잡아다가[1)] 어미에게 준다는 이야기가 있다. 그래서 까마귀는 효심이 깊은 새라는 긍정적인 이미지도 가지고 있다. 일본에서의 까마귀에 대한 이미지는 어떨까[2)]? 신화에 등장하는 전통적인 이미지는 신의 사자(使者)라고 해서 숭배를 받는 동물이었다고 한다. 그러나 현대에는 도심에서 쓰레기봉투를 뜯어서 피해를 주기도 하고[3)] 머리가 좋은 것이 교활한 이미지로 이어져서 까마귀를 좋아하지 않는 사람들이 많아진 것 같다.

여우는 한국에서 부정적 이미지가 강한 동물이다. 한국의 옛날 이야기에는 구미호(九尾狐)라는 꼬리가 아홉 개 달린 여우가 등장하는데 매혹적인 여성의 모습을 하고 나타나 사람을 홀리고 해치는 나쁜 존재로 묘사되는 일이 많다. 그러나 일본이나 중국에서는 팜 파탈과[4)] 같은 여성의 이미지도 물론 있지만 지혜로운 노인의 모습으로 나타나기도 하며, 신 또는 사자(使者)를 대변하기도 한다. 일본에 있는 이나리진자에서는 여우가 신의 사자 역할을 하고 있다.

이처럼 동물에 대한 이미지는 일본과 한국에서 비슷한 경우도 있고 다른 경우도 있다. 뱀이 가지는 사악한 이미지, 개가 가지는 충직한 이미지는 별반 다르지 않다. 반면에 너구리나 곰에 관한 이미지는 다르다. 일본에서는 교활한 사람을 종종 너구리에 비유해서 말하지만 한국의 경우 너구리에 대한 특별한 이미지는 없다. 한편 한국에서는 미련하거나 행동이 느린 사람을 곰 같다고 하는데 일본의 경우 곰에 대한 부정적인 이미지는 없는 것 같다.

語句
1) 잡아다가：捕まえてきて
2) 어떨까：どうだろうか
3) 기도 하고：することもあり
4) 팜 파탈：femme fatale 男を破滅させる魔性の女

内容確認問題 次の各組について，本文の内容と一致する文を○，一致しない文を×とした場合，○と×の組み合わせが正しいものを選びなさい。

1) ① 까마귀에는 나쁜 이미지만 있다.
② 여우에 대한 이미지는 일본과 한국에서 다르다.
ⓐ＝①○ ②○ ⓑ＝①○ ②× ⓒ＝①× ②○ ⓓ＝①× ②×

2) ① 까마귀는 일본 신화에 등장한다.
② 한국에서 어리석은 이미지를 가지는 동물은 곰이다.
ⓐ＝①○ ②○ ⓑ＝①○ ②× ⓒ＝①× ②○ ⓓ＝①× ②×

ポイント100

LESSON
01~10

練習問題解答

読解問題においては，活用形を原形に戻すという操作が正確にできることが第一関門です。最近の辞書は変則活用や2通りの原形に戻る可能性があるものに関してかなり親切に記述されるようになりましたが，全ての活用形に関して記述されているわけではないので，独力で原形に戻せるように練習を重ねることが大切です。

本書では，単に正解や別解を提示するだけではなく，なぜそのように訳すのがよいのかという理由を豊富に示すことを心がけました。

なお，2006年から20年計画で以下のサイトで韓国語のWeb辞典の構築を開始しました。トップページにアクセスし，左下にある目次の「韓日総合辞典」をクリックすると誰でも無料で利用できます。通常の辞書は原形でしか検索できませんが，本Web辞典の特色の一つとして活用形のままでも検索できるという点をあげることができます。2019年12月時点では収録語数も32000語強と少なく，登録されている活用形もあまり多くありませんが，今後も少しずつ内容を充実させていく予定です。読者諸賢のお役に立てれば幸いです。

「韓日総合辞典」 http://koreanlexis.webcrow.jp/

LESSON 01

基本読解練習 1　日本語に訳してみよう。

1）　나는 주말에는 대개 하루 종일 도서관에서 시간을 보냅니다.
私は，週末はたいてい一日中図書館で時間を過ごします。

▶出題意図　時の名詞，助詞の連続，에서

日本語と同様に韓国語でもしばしば助詞が連続して用いられることがある。주말에는の에는がそれで，助詞の에に는が連続したものである。韓国語では主語でない限り時の名詞には에を付けるのが原則なので주말에는と書かれているが，주말에는をそのまま「週末には」と訳すと日本語としてはやや不自然に感じられる。日本語では相対的な時の名詞の後では通常「に」を省くので，「週末は」と訳す方が自然である。ポイント❺を参照のこと。また，図書館で「時間をつぶす」人が全くいないわけではないだろうが，常識的には「時間を過ごす」と訳す方が適切であろう。

2）　우리 집은 학교에서 가깝습니다.
私の家は学校から近いです。

▶出題意図　우리，에서

日本語としては「私の家は学校に近いです。」も可能であろう。우리 집은を「私たちの家は，我が家は」と訳しても間違いではないだろうが日常的に用いられる日本語ではないように思える。ポイント㉔を参照のこと。なお，학교에서を「学校で」と訳すか「学校から」と訳すかは文末の가깝습니다を見てから決めるのが上策である。基本読解練習2−9）を参照のこと。

3）　코끼리는 코가 깁니다.
象は鼻が長いです。

▶出題意図　「〜は…が―」構文

「今日は天気がよい，姉は英語が得意だ，酒は冷やがよい」など，一連の「～は…が—」という構文は韓国語ではそのまま助詞の은/는と이/가を使って表現できるという点で，韓国語は日本語母語話者にとって学びやすい外国語であるということが改めて確認できる。英語であれば「象は鼻が長い」は “An elephant has a long nose.” のように構文そのものを変えないと表現できない。

4） 저것은 페트병 회수 박습니다.
あれはペットボトル回収ボックス（box）です。

▶出題意図　指定詞の語幹이の脱落

韓国語にも「の」に相当する助詞が存在するが，使用頻度はおそらく日本語の半分以下であろうと思われる。페트병と회수の間には助詞の의が書かれていないし，訳例も「の」が表示されていないが，日本語訳としては「の」を入れて「ペットボトルの回収ボックス」と訳しても問題ない。박습니다は子音語幹用言のように見えるし，박다という用言も存在するが，この文脈には合わない。この文は스で終わる外来語박스の後で指定詞の語幹이が脱落したものである。なお，페트병は「pet 病」ではなく「PET 瓶」であり，「ペットボトル」のことである。

5） 그 연필은 저 연필보다 짧습니까?
その鉛筆はあの鉛筆より（も）短いですか。

▶出題意図　比較の助詞，子音語幹

日本語では比較を表現する際に「よりも」を使うことがあるが，韓国語ではそれに相当する보다도を使う頻度は遥かに低い。

6） 목이 아프고 기침이 납니다.
喉が痛く咳が出ます。

▶出題意図　並列の語尾고，母音語幹とㄹ語幹

韓国語では喉と首を区別せずに목を使う点に注意しよう。납니다は母音語幹の나다（出る），ㄹ語幹の날다（飛ぶ），および母音で終わる名詞나（わたし）の後で

指定詞の語幹이が脱落したものの可能性があるが，文脈から判断して나다が最も適切である。

> 7） 스즈키 선생님의 수업은 너무 재미있습니다.
> 　　鈴木先生の授業はとても面白いです。

▶出題意図　存在詞

存在詞としては通常있다と없다のみが紹介されるが，있다・없다で終わるものはすべて存在詞に属し，「재미있다 面白い，재미없다 つまらない，맛있다 おいしい，맛없다 まずい，버릇없다 行儀が悪い」など，多数存在する。ところで，過去形を学ぶと재미있습니다を「面白かったです」と訳す学習者を時折見かける。語幹がㅆで終わっているので過去形と勘違いしたものと思われるが，現在形なので注意してほしい。

> 8） 12일부터 15일까지 가게 문을 닫습니다.
> 　　12日から15日まで休業します。

▶出題意図　時の起点

逐語訳は「12日から15日まで店の門を閉めます」であるが，日本語としてはやや不自然であろう。문は漢字語の「門」であるが，「ドア」という意味でも使うので要注意である。なお，가게 문을 닫다は閉店する以外に廃業する場合にも用いることは知っておくとよいだろう。

> 9） 토요일하고 일요일에는 집에서 쉽니다.
> 　　土曜日と日曜日は家で休みます。

▶出題意図　時の名詞，助詞

토요일하고は토요일하다という用言の語幹に語尾の고が付いたものではなく，토요일という名詞に助詞の하고（と）が付いたものである。일요일에는は時の名詞に에が付いているが，1）と同様に「に」を省いて「日曜日は」と訳す方が日本語としては自然であろう。

10）이것은 우리 나라 최고의 종입니다.
これは我が国最古の鐘です。/これは我が国最古の紙です。/
これは我が国最高の鐘です。/これは我が国最高の紙です。

▶出題意図　우리，指定詞の語幹이の脱落

우리 나라は「私たちの国」と訳しても間違いではないがやや幼稚な感じがする。「我が国」と訳す方が文体的に適切であろう。ポイント㉔を参照のこと。최고に関しては「最古，最高」の２通りの可能性があり，与えられた文脈だけではいずれとも決めかねる。さらに종입니다に関しても종（鐘）という子音で終わる名詞の可能性と종이（紙）という母音で終わる名詞の後で指定詞の語幹이が脱落した可能性のいずれとも決しがたい。従って日本語訳としては都合４通りの可能性があることになる。ポイント⑬を参照のこと。

発展読解練習 1　日本語に訳してみよう。

私の趣味は音楽です。私の部屋には音楽の CD がとてもたくさんあります〈1〉。休みの日はよく弟と〈2〉一緒にコンサートを見に行きます。時々ギターも弾きます。私の二番目の趣味は読書です。小説の中では推理小説が一番好きです。特にアガサ・クリスチーの作品は最高です。登場人物は誰もが活き活きしています。マープル夫人は一日中家にいるのに人々の話を聞くだけで〈3〉事件を解決します。とても不思議です。私は時々電車の中で本を読みます。すぐに本に没頭します。それである時など，降りないといけない駅を乗り過ごしてしまいました。私もいつかは小説を書きたいと思っています。

〈1〉「非常に多いです」とも訳せるが日本語としてはやや不自然に思える。

〈2〉동생としか書かれていないので「妹と」と訳しても正解である。

〈3〉逐語訳は「話だけを聞いて」である。

内容確認問題　正しい答えを選ぼう。

1）筆者は何が一番好きですか：③音楽
参考までに，他の選択肢は①映画，②本，④勉強，である。

2）マープル夫人は事件をどのようにして解決しますか：①人々の話を分析します。

参考までに，他の選択肢は②直接事件現場を調査します，③監獄で容疑者に質問します，④コンピュータを利用します，である。

3）筆者の夢は何ですか：③文学作品を書くことです。

参考までに，他の選択肢は①｛弟/妹｝と一緒にコンサートを開くことです，②楽器を演奏することです，④電車を運転することです，である。

実用文読解 1

日本と韓国で春を象徴する花は何ですか。

日本では春になれば花見を楽しむ人々で各地がとても混雑します。天気予報では毎日日本列島各地の桜の開花時期を知らせてくれます。この時期に東京の上野公園に行けば事前に場所を確保して一人で同僚を待っている新入社員をたまに見かけます〈1〉。全国各地に桜の名所がたくさんありますが〈2〉，京都の桜がとりわけ有名です。普段でも観光客が多い京都は，桜の季節になればそれこそ足の踏み場もないほど人で溢れかえります。桜は散るときに潔くパッと散ります〈3〉。日本人は桜のこのような姿から美を感じるようです。

韓国でも春になれば花見〈4〉に出かける人がたくさんいます。ソウルの汝矣島と南方の鎮海という都市が桜で有名です。でも昔から〈5〉韓国で春を象徴する代表的な花はツツジとレンギョウでした。ツツジは主に山に咲く花です。詩人金素月の「ツツジの花」という詩は，韓国人であればおそらく知らない人はいないでしょう。教科書にも載っています。レンギョウは町でよく見かける花です。黄色いレンギョウが咲けば韓国人は春が来たと感じます。子供たちがよく歌う「春のお出かけ」という童謡がありますが，その歌詞は「ナリ（百合）ナリ（百合）ケナリ（レンギョウ）摘んで口にくわえて〈6〉。ヒヨコの固まり小走りに春のお出かけに行きます。」です。黄色いヒヨコが黄色いレンギョウの花を口にくわえて春のお出かけに行く姿を表現したものです。ヒヨコとレンギョウの黄色が，イメージが似ているので園児や小学一年生をレンギョウになぞらえて話すこともあります。

〈1〉逐語訳は「見ることができます」である。

〈2〉逐語訳は「多いが，多いですが」である。

〈3〉逐語訳は「一瞬で未練なく散ります」である。

〈4〉逐語訳は「桜見物」である。

〈5〉逐語訳は「長い期間」である。

〈6〉逐語訳は「口に摘んでくわえてですね」である。

穴埋め問題 （　　　）に入れる助詞として正しいものを選びなさい。

(가) ③ 이：に（なる）

(나) ② 로：〔材料〕で

(다) ① 에서：で

(라) ④ 에：場所名詞＋に＋行く

(마) ① 에서：〔起点〕から

(바) ④ 을：動作性名詞＋に＋行く

(사) ② 으로：〔原因〕で

(아) ④ 를：動作性名詞＋に＋行く

LESSON 02

基本読解練習 2 日本語に訳してみよう。

1） 비가 오고 바람이 분다.
雨が降り風が吹く。

▶出題意図　並列の語尾고, 오다, ㄹ語幹

오고は오다の語幹오に並列語尾の고が接続したものである。「雨が降り，雨が降って」となる。분다は母音語幹부다の可能性もあるが実際には부다という用言は存在せず，ㄹ語幹の불다が原形である。

2） 미슈란의 평가 대상은 맛에 국한한다. 재료의 질, 요리법과 양념의 완성도, 개성, 가격과 음식 질의 균형, 일관성 등 5개 항목이 평가 기준이다.
ミシュランの評価対象は味に限定している。材料の質，料理法や味付けの完成度，個性，価格と料理の質のバランス，一貫性の5項目が評価基準である。

▶出題意図　動詞の母音語幹，指定詞

국한は「局限」であるが，「限定」のほうが自然である。균형は「均衡、釣り合い」であるが，外来語で訳すほうが日本語としては自然であろう。5개 항목は「5個の項目」であるが「個」を省くほうが自然であろう。最後に등について言及しておかね

ばならない。韓国国立国語院の『표준국어대사전』では依存名詞등（等）について「[1] 그 밖에도 같은 종류의 것이 더 있음을 나타내는 말（それ以外にも同類のものがさらにあることを示す語），[2] 두 개 이상의 대상을 열거한 다음에 쓰여, 대상을 그것만으로 한정함을 나타내는 말（二つ以上の対象を列挙した後で用いられ，対象をそれだけに限定することを表す語）」と解説されている。ミシュランの評価対象は5種類なので表題文の등は[2]の用法であるといえる。一方日本語の助詞「など」については，「いろいろある中から主なものを取り上げて，例として示すのに用いる。ほかにも似たものがあるという含みがある。（『日本語文型辞典』くろしお出版）」という考え方と，「並列要素を全て列挙する（1）の場合と，一部だけを挙げる（2）の場合がある。（『日本語文法辞典：452』大修館書店）」という考え方があり，後者は（1）の例として「国語，算数，理科，社会など，四教科の成績を重視。」を挙げている。後者の考え方を採用すれば「など」と訳しても正解であるが，本書では曖昧さを避けるために「の」で訳しておくことにする。

3） 은희는 계산이 아주 빠르다. ウニは計算がとても速い。

▶出題意図　「〜は…が―」構文

基本読解練習1−3）と同じく「〜は…が―」という構文である。なお，은희の漢字表記は「恩姫」の可能性が最も高いが，他の可能性が全くないわけではないのでカタカナで表記しておく。また，은희を一文字ずつカタカナに置き換えてウンヒと書く方法もあるが，ㅎはパッチムのㄴの後では我々の耳にはほとんど聞こえないので，本書ではウニ（은희→은이→으니）と書くことにする。빠르다は形容詞なので格式非丁寧体現在は原形と同じ形になる。

4） 제게는 가족과의 관계가 매우 중요합니다. 私にとっては家族との関係が非常に重要です。

▶出題意図　助詞の連続と縮約，接尾辞の하다

제게는は저＋에게＋는の縮約形である。「私には」と訳したのでは何となく落

ち着かないので,「私にとっては」と訳しておいた。과と助詞の組み合わせは과는(とは) / 과도(とも) / 과만(とだけ) / 과보다(とより) / 과의(との) など,何通りもが可能である。

> 5) 눈으로 물건을 보고 귀로 소리를 듣는다.
> 目で物を見,耳で音を聞く。

▶出題意図　助詞으로/로

보고全体を辞書で調べると「報告」という単語が見つかる。文脈を無視すれば「目で品物を報告」という解釈もありうるが,論理的な整合性に欠ける。보고を文脈に合うように分析すれば보 [다] (見る) +고 (並列=て) という解釈が妥当であろう。同様に귀로全体を辞書で調べると「帰路,帰り道」という単語が見つかる。文脈を無視すれば「帰路音を聞く」という解釈もありうるが,論理的な整合性に欠ける。귀로を文脈に合うように分析すれば귀 (耳) +로 (手段=で) という解釈が妥当であろう。

> 6) 저기서 누가 우는가?
> あそこでだれが泣いているのか。

▶出題意図　助詞の縮約,ㄹ語幹

動作の場所および場所の起点を示す助詞에서は場所代名詞の後で縮約されて서になる。つまり,저기서は저기에서の縮約形である。우는가は母音語幹우다の可能性もあるが実際には우다という用言は存在せず,ㄹ語幹の울다が原形である。

> 7) 아날로그 TV와는 달리 디지털 TV는 양방향 정보 데이터 방송이 가능하다.
> アナログテレビとは異なり,デジタルテレビは双方向情報データ放送が可能だ。

▶出題意図　助詞の連続,接尾辞の하다

아나로그ではなく아날로그と書かれているのは,外来語表記法で語中の1

(analogue) が ㄹㄹ で表記すると定められているからである。韓国語では텔레비という言い方はほとんどせず，텔레비전が用いられる。また最近では TV や티브이という表記も用いられるようになってきている。와는は上記4）と同じく와（と）＋는（は）と分析できる。양방향の逐語訳は「両方向」であるが，日本語では「双方向」を用いるのが自然である。韓国語でも双方向に相当する쌍방향が用いられるが，使用頻度は양방향のほうが高いようである。가능하다は形容詞なので格式非丁寧体現在は原形と同じ形になる。

> 8） 이 팀에서는 어느 선수가 가장 열심히 연습하는가?
> このチームではどの選手が一番熱心に練習するのか。

▶出題意図　助詞の連続，接尾辞の하다

팀에서는は外来語の팀（team）に助詞の에서と는が続いている。文末の연습하는가に関しては原形として可能性の高い연습하다を最初に調べることになるが，연습하다全体で辞書に載っていないので연습という名詞を調べ，それに하다を付ければ日本語としてどのように訳すのが自然になるかを自分で考える必要がある。課題文の場合は「名 하他 練習」と書いてあるので「練習する」という訳語を自分で考えればよい。

> 9） 새 규격에서는 화면의 가로 세로 비율이 종전 4대 3에서 16 대 9로 늘어난다.
> 新規格では画面の横と縦の比率が従来の4対3から16対9に拡大する。

▶出題意図　助詞の連続

この文には에서が2回現れる。韓国語では動作の場所を示す助詞「で」と動作の起点を示す助詞「から」を区別せず，共に에서を用いるので文脈に応じて適切な訳語を選ぶ必要がある。

ところが，에서に誤訳が多いのは後続の動詞を確認しないで頭からいきなり「で」あるいは「から」と訳してしまうことに原因がある。試しに以下の例文の（　　）内に「で」と「から」を正しく入れてみてほしい。日本語母語話者なら簡単だと思う。

① 부산 역에서 도시락을 팝니다.

釜山駅（　　　　）弁当を売っています。

② 부산 역에서 택시로 돌아옵니다.

釜山駅（　　　　）タクシーで帰って来ます。

「釜山駅」まで共通しているのに正解を得られるのは，後続の動詞の性質を確認してから答えているからで，読解に際しても에서が出てきた時点では保留しておいて後続の動詞を確認してから「で」と訳すか「から」と訳すかを決めるようにすると誤訳せずにすむ。

10）꽃병의 물을 매일 간다.
花瓶の水を毎日替える。

▶出題意図　母音語幹とㄹ語幹

꽃병は꽃（花）＋병（瓶）の合成語である。日本語の花瓶と同じく漢字語を音読みした화병という単語もなくはないが，「固有語＋漢字の音読み」である꽃병の方が使用頻度は高い。韓国語では漢字を説明する場合を除けば漢字を訓読みする習慣はないが，꽃병を無理に「花瓶」に当てはめて日本語式に考えれば湯桶読みということになる。매일は「毎日」という名詞であるが，日本語と同様に副詞的に用いられている。この問題のポイントは文末の간다である。母音語幹の가다が最初に見つかると思うが「花瓶の水を毎日行く」では通じない。そのような時はㄹ語幹の可能性があることを思い出して再度辞書を調べてもらいたい。갈다が見つかれば成功である。

発展読解練習 2　日本語に訳してみよう。

大韓民国は半島国家だ。南北にはほぼ北緯 33 度から 43 度の〈1〉間に位置している。東西には東経 124 度から 132 度の間に位置している。気候的には温帯に属する。したがって気候が温暖で四季の区別がはっきりしている。夏は気温が 30 度を超える。しかし湿度は日本より低い。夏の海水浴場は人々で混雑する。冬は気温が零下 10 度まで下がる。とても寒い。暖房装置として主にオンドルを使う。

韓国の首都はソウルだ。ソウルとは，韓国固有の言葉で，その意味は首都だ。

ソウルの人口は1,000万名を超えている。数字的には東京とほぼ同じだ。しかし首都への〈2〉人口集中率はソウルの方が〈3〉遥かに高く，20%に近い。ソウルの中心部を〈4〉漢江が流れている。漢江の北側は旧市街地で，南側は新興市街地だ。江南地区には高級住宅が〈5〉多く，ブランド物を売る商店〈6〉も多い。特に狎鴎亭洞が有名だ。

〈1〉韓国語においては上下左右など位置関係を示す名詞の前には「の」に相当する助詞の의を用いない。ここでは「사이 間」が位置関係を示す名詞なので의がないが，日本語訳としては「の」を補って訳す必要がある。

〈2〉助詞の로と의が連続している。에는や에서도のような助詞連続とは異なり，의が後続要素である助詞連続は日本語の影響である可能性が高い。

〈3〉原文には「の方」に相当する語は存在しないが，日本語としては「の方」を入れて訳すのが自然である。

〈4〉逐語訳は「中心部には」である。

〈5〉들は複数の印であるが，敢えて訳さないほうが日本語としては自然である。

〈6〉逐語訳は「ブランド物商店」である。

内容確認問題

1）① 大韓民国は島国だ：×　②夏の気温は日本より低い：×
従ってⓓが正解

2）① ‘서울’ は漢字語だ：×
②大韓民国の人口は5000万名より多い：ソウルの人口が1000万名以上であり，それが総人口の20%に近いということは，総人口は5000万名以上ということになる。○，　従ってⓒが正解

実用文読解 2

語学堂HPの韓国語授業の案内を見て申請してみましょう。

1）課程紹介

・短期課程は春，夏各々3週間進行する。週4日（月，火，木，金）1日4時間韓国語の授業があり，水曜日には文化体験活動に参加できる。そして土曜日には現場見学を実施する。詳しい内容はPDFファイルを参照すること。

・語学能力試験（placement test）を通して自分の水準にあったクラスで授業が受けられる。

・課程履修後に修了証を授与する。

2）資格：在外同胞および外国人（18歳以上）

3）寄宿舎

・校内寄宿舎2人1室利用可能，希望者は入学申請書作成時に寄宿舎の項目にチェックすること。

・寄宿舎の施設：①机，ロッカー，ベッド，②冷暖房，③各階ごとに共用トイレとシャワー室設置〈1〉，④食堂，洗濯室，読書室が利用可能

4）申請方法

必要な書類を準備して韓国語センター事務室に郵便または直接持参のこと〈2〉。

＊オンライン申請可能。ホームページで会員登録〈3〉の後，ログインして必要な項目を記入すること。

5）提出書類

①申請書（ホームページからダウンロード可能）

②パスポートまたは外国人登録証のコピー

③最終学歴証明書（例：卒業証明書，在学証明書，成績証明書など）

④証明写真1枚（横3cm，縦4cm，カラー）

6）授業料納付

授業料と教材費を下記の口座を通して銀行送金。送金者と申請者の名前が異なる場合は送金後に必ず事務室に連絡すること。

7）注意事項

・入学金は返金不可。

・当該学期の開始1週間前までに延期事由書を提出すれば1回に限り次の学期に延期可能。

・延期した学期に授業に参加しない場合は登録が自動的に取り消され，授業料は返金されない。

・取り消し申請書と証憑《しょうひょう》書類を提出して国際語学院長の承認を受けた場合は登録を取り消すことができる。

・取り消しの際には払い戻し規定に従って授業料を払い戻す。

8) 問い合わせ

・電話：＋82-2-○○○○-○○○○

・eメール：○○○○@○○○○.ac.kr

〈1〉 設置：原文は「使用」となっている。

〈2〉 直接持参のこと：逐語訳は「訪問受付」である。

〈3〉 逐語訳は「会員加入」である。

LESSON 03

活用練習 1 活用形を原形に戻して意味を調べよう。

1) 폈습니다（開きました）：펴다（開く）。피다（咲く）の可能性がなくもないが，通常は피었습니다と活用する。

2) 다셨습니까（舌鼓を打ちましたか，吊るされましたか，量られましたか）：다시다（舌鼓を打つ）。尊敬補助語幹をも考慮に入れると달다（吊るす・量る・甘い，など）の可能性もある。

3) 보였다（見えた，見せた，風呂敷だった）：보이다（見える・見せる），보（風呂敷）＋이다（だ）。

4) 천하였는가（卑しかったか，天下だったか）：천하다（卑しい），천하（天下）＋이다（だ）。

5) 지었느냐（作ったか）：짓다（作る）。지다（散る・負ける，など）は졌느냐と活用するので候補から外れる。

6) 쉬었습니다（休みました，酸っぱくなりました，しわがれました，息をしました）：쉬다（休む，酸っぱくなる，など）。

7) 도왔습니까（助けましたか）：돕다（助ける）。

8) 찾아왔다（訪ねて来た）：찾아오다（訪ねて来る）。

9) 무거웠습니다（重かったです）：무겁다（重い）。

10) 세웠습니다（立てました）：세우다（立てる）。

11) 담갔는가（浸したか）：담그다（浸す）。

12) 건넜다（渡った）：건너다（渡る）。

13) 길렀습니다（育てました）：기르다（育てる）。

14) 부십니다（まぶしいです，お吹きになります）：부시다（まぶしい，ゆすぐ）。
尊敬補助語幹をも考慮に入れると불다（吹く）。

15) 파랬습니다（青かったです）：파랗다（青い）。

16) 보탰습니까（補いましたか）：보태다（補う）。

17) 물었습니까（口にくわえましたか，尋ねましたか）：물다（口にくわえる），묻다（尋ねる）。

18) 약했다（弱かった）：약하다（弱い）。

19) 깁습니다（繕います，ギブスです）：깁다（繕う），깁스（ギブス）＋이다（だ／語幹脱落）。

20) 펜습니다（フェンスです）：펜스（フェンス）＋이다（だ／語幹脱落）。

基本読解練習 3 日本語に訳してみよう。

> 1） 고베에서 부산까지 배를 탔습니다.
> 神戸からプサン（釜山）まで船に乗りました。

▶出題意図　助詞，脱落型の過去形

에서は「で，から」の2通りの意味があるので，後ろの動詞を見てから決めるのが定石だが，この場合はすぐ後に까지があるので，「から…まで」と訳すのが日本語として自然である。文末の탔습니다は脱落型であり，타다に戻ることは容易にわかるだろう。타다にはいくつかの意味があるが，前に地名があるので「乗る」が適切であると判断できる。배를は 3. 6 で指摘したように，「船を」ではなく「船に」と訳さねばならない。

> 2） 매일 책 읽고, 산책하고, 글 쓰고 이것이 내 삶의 패턴이었다.
> 毎日本を読んだり，散歩をしたり，文を書いたり，これが私の生活のパターンだった。

▶出題意図　並列の語尾-고，指定詞の過去形

並列の語尾고が反復される場合は「たり」と訳すと自然な日本語になることがある。指定詞の過去形は母音で終わる体言の後では였다と縮約し，子音で終わる体言の後では縮約しないことは知っておくとよい。

> 3） 우리 집 아이가 나한테 뛰어왔습니다.
> うちの子供が｛私に向かって / 私のほうに｝走ってきました。

▶出題意図　助詞，融合型の過去形

우리 집は文字通りに訳せば「我が家」になる。「わたしたちの家」では日本語として不自然である。ポイント㉕を参照のこと。집と아이の間に「の」に相当する助詞が存在しないが，韓国語では「組織＋組織の構成員」の順序で名詞が並んでいるときは，「の」に相当する助詞의を用いない場合が多い。나한테はポイント㉓で解説したように，「私に」と訳したのでは不自然になる。

> 4） 기술 문명의 계속적 발달은 인간을 달나라에까지 가게 하였다.
> 技術文明の持続的発達は人間を月世界にまで送り込んだ。

▶出題意図　게 하다

계속적は漢字音の通りに「継続的」と訳しても構わない。가게 하였다の逐語訳は「行くようにした，行かせた」である。가게全体を辞書で調べて「店をした」と訳したのでは意味が通じない。

> 5） 여동생이 만화책을 폈다.
> 妹が漫画の本を開いた。

▶出題意図　脱落型の過去形

폈다は피다に戻る可能性もあるが，この場合は脱落型のパターンに属する単語で，펴다に戻る。「開く」は対象に応じていくつかの単語に対応する。

一般的	열다
目	뜨다
口	벌리다
畳んであるもの（傘，本）	펴다

입을 열다というと「話し始める」という比喩的な意味になる。

6）　옛날에는 등산을 자주 다녔습니다. 昔はしょっちゅう登山に行きました。

▶出題意図　助詞，融合型の過去形

옛날에는の逐語訳は「昔には」になるが，日本語として不自然であり，「に」を省く方が良い。등산을はポイント❷で解説した動作名詞＋을なので「登山に」と訳す。다니다は「通う」というよりも「何度も行く」という意味で用いられている。ところで，韓国語では副詞の자주が動詞다녔습니다の直前に置かれているが，日本語の位置としては「登山に」の前のほうが自然である。

7）　은행에서 엔을 원으로 바꿨다. 銀行で円をウォンに替えた。

▶出題意図　助詞，融合型の過去形

으로は 2. 5 で解説した変化・結果の用法であり，「に」と訳す。「ウォンで替えました」は日本語として不自然である。바꿨습니다＝融合型〈1〉のタイプであり，바꾸다に戻る。

8）　세계경제포럼의 국가 경쟁력 평가에서 우리 나라는 131개국 가운데 11위를 차지했다. 世界経済フォーラムの国家競争力評価において，我が国は131ヵ国のうち11位であった。

▶出題意図　接尾辞の하다

포럼は外来語（forum）である。평가에서は「評価で」と訳しても間違いではないが，「において」と訳すほうが文体的に望ましい。131ヵ国の中で11位ということは10%以内に位置しているのだから，11위를 차지했다を「11位を占めた」と訳しても問題はないだろう。

9）　자동차도 10년 가까이 사용하면 여기저기 고장이 난다. 自動車も10年近く使用すればあちこち故障が起きる。

▶出題意図　接尾辞の하다

여기저기は日本語と語順が異なる点に注意。이것저것も「あれこれ」である。고장이 나다を「故障が出る」と訳すと不自然である。「故障する，故障が起きる」などと訳すとよい。

10）오늘은 시장에서 누구를 만났습니까?
　今日は市場で誰に会いましたか/今日は市場で誰かに会いましたか。

▶出題意図　疑問詞の不定用法

ポイント61を参照のこと。

発展読解練習 3　日本語に訳してみよう。

{ ある朝 / ある日の朝 }，どういうわけか早く目が覚めた。息子は私の横ですやすや眠っている。妻は二番目の子供を産むために数日前に実家に行った。窓の外はまだ暗い。私は窓をそっと開けて明け方の空気を胸いっぱい吸い込んだ。とても爽快だった。

私は服を着て玄関のドアを静かに開けた。空には星が何個か見えた。パドゥギが私のほうに近づいてきた。パドゥギは去年子犬を3匹産んだ。私はパドゥギと一緒に近くの公園まで散歩に行った〈1〉。砂場にはスコップとバケツ，そしてふるいがあった。その横にはおもちゃの自動車もある。子供たちの姿が生き生きと浮かぶ。私も砂を触った。そのときバケツの水がこぼれた。手が濡れた。私は家に帰って手を洗った。

〈1〉을が用いられているのは「散歩」が場所ではなく動作を示す名詞だからである。

内容確認問題　正しい答えを選ぼう。

1）筆者は何時ごろおきましたか。
　② 選択肢の中から「朝早く」に相当するものを選べばよい。

2）筆者の子供は男ですか女ですか。
　① 아들（息子）とあるので男である。

3）この日の天気はどうでしたか。

③ 空に星が見えたのだから晴れていたはずである。

4）パドゥギの性別は何ですか。

② 子犬を産んだのだから雌犬である。

5）誰が砂場で遊びましたか。

④ 子供の姿が浮かんだとあるから「子供」が正解。

6）バケツの中には何がありましたか。

③ 水がこぼれたのだから「液体」である。

実用文読解 3

次は旅行サイトに掲載されているゲストハウスの情報です。紹介文や口コミを読んで，どちらのホテルに泊まるかを考えてみましょう。

〈マル・ゲストハウス〉

マル・ゲストハウスは伝統的な韓国式家屋を改造してオープンした古風な趣きを持つ韓国式宿泊施設です。客室はすべて〈1〉オンドル部屋で，安心できて居心地のよい作りになっています。外国人に人気のある仁寺洞から徒歩で5分の所に〈2〉あります。韓国文化体験，ソウル散策などのテーマ旅行をお望みの方に強くお勧めします。

＊利用者のコメント〈3〉

・公共交通機関〈4〉を利用しやすく寝床が居心地がよく暖かかったです。部屋に浴室が〈5〉付いていないのがちょっと残念でした。

・写真より部屋がずっと狭かったです。もう少し〈6〉部屋が広かったらなと思ったし，そうでなければ料金がもう少し安ければよかったです。

・オンドル部屋で寝たので疲労がすっきり取れました。自宅で過ごしているようで良かったし，トイレは共用でしたが清潔に管理されていました。

・北村や景福宮を見学するには位置は悪くありませんでしたが，清掃の状態があまりよくありませんでした。それに防音がきちんとされていないので，隣室の音のせいでよく寝られませんでした。

〈ボボ・ゲストハウス〉

ボボ・ゲストハウスは若者の街である弘大入口から1キロの距離にあり，新村も〈7〉歩いて5分もあれば行けます。可愛い庭とテラスがあり，各部屋に浴室が〈8〉完備されています。どこでも〈9〉無料 Wi-Fi が利用できます。朝にはホスト手作りの〈10〉ヨー ロッパ式朝食も提供されます。

＊利用者のコメント

- 清潔で安心できる家庭的雰囲気でした。値段も安く朝食も素晴らしかったです〈11〉。2階は階段で上り下りしなければならず，荷物が多いとちょっと不便かもしれません。
- ホストが以前にガイドの仕事をしていたので外国語も堪能で，ソウルもよく知っていました。ジャージャー麺も店から取り寄せられました〈12〉。
- ホストがとても親切で，住宅街なので静かです。インテリアも洗練されています〈13〉。停留場から宿所までが坂なのでキャリーバッグを引いていくのがちょっと辛かったです。
- 仁川空港からリムジンバスで乗り換えなしで行けるので便利だったし，朝食がとてもおいしかったです。窓に網戸がなく防音がしっかりしていないのがちょっと落ち着きませんでした〈14〉。

〈1〉 逐語訳は「すべての客室は」である。

〈2〉 逐語訳は「距離に」である。

〈3〉 逐語訳は「利用後記」である。

〈4〉 逐語訳は「大衆交通」である。

〈5〉 逐語訳は「専用浴室が」である。

〈6〉 逐語訳は「少しもっと」である。

〈7〉 逐語訳は「新村までも」である。

〈8〉 逐語訳は「各部屋ごとに専用浴室が」である。

〈9〉 逐語訳は「あらゆる空間で」である。

〈10〉 逐語訳は「ホストが直接作った」である。

〈11〉 逐語訳は「朝食も十分出てきました」であるが，「量的にも質的にも素晴らしかった」という意味である。

〈12〉 逐語訳は「ジャージャー麺の配達も代わりにしてくれました」である。

〈13〉 逐語訳は「洗練されていてですね」である。

〈14〉불편하다は「不便だ」という意味以外に，「体調が悪い，（気持ちが）落ち着かない」という意味がある。漢字語の場合，単に漢字を置き換えれば良いということにならない場合があるので十分注意したい。

LESSON 04

基本読解練習 4 日本語に訳してみよう。

1） 나의 분노는 좀처럼 가라앉지 않았다.
私の怒りはなかなか静まらなかった。

▶出題意図　後置否定形

좀처럼は否定的な表現とともに用いられる。「一向に」と訳すと訳しすぎになる。

2） 어머니는 개를 데리고 횡단보도를 건너셨습니다.
母は犬を連れて横断歩道を渡りました。

▶出題意図　様態の－고，尊敬

건너셨습니다の逐語訳は「お渡りになりました」である。日本語の主体待遇は相対敬語なので身内の状況を他人に述べるときには尊敬語を用いないが，韓国語の主体待遇は絶対敬語なので身内の状況を他人に述べるときにも尊敬語を用いる点に注意したい。逐語訳では日本語として不自然に感じることが多い。

3） 사이버족들의 대부분은 굳이 사이버 세계의 삶 속에서까지 현실의 모습을 드러내고 싶어하지는 않는다.
サイバー族の大部分は敢えてサイバー世界の生活の中でまで現実の姿をさらけ出したがらない。

▶出題意図　助詞の連続，希望，否定

들は複数を示す接尾辞であるが，必ずしも日本語に訳す必要はない。詳しくはポイント90を参照のこと。希望の表現に関しては日本語と同様に「たい 고 싶다」

と「たがる 고 싶어하다」を区別する点に注意。

4） 여기서는 카탈로그를 보고 고르기만 하면 된다.
ここではカタログを見て選びさえすればよい。

▶出題意図　様態の-고，仮定

고르기만は고르［다］+기+만と分析でき，逐語訳は「選ぶことだけ」である。

5） 일본에 입국하는 16세 이상의 외국인은 지문 및 얼굴 사진 등록을 하지 않으면 입국이 거부된다.
日本に入国する16歳以上の外国人は，指紋および顔写真の登録をしなければ入国を拒否される。

▶出題意図　否定，仮定，되다

이상と외국인の間の의は省略可能だが，日本語としては「の」が入るほうが自然である。입국이の逐語訳は「入国が」なのでそのように訳してもよいだろう。

6） 무엇을 드시고 싶으십니까?
何を召し上がりたいですか。

▶出題意図　尊敬，希望

드시고は들［다］(食べる)+시+고と分析でき，싶으십니까は싶［다］+으시+ㅂ니까と分析できる。逐語訳は「お食べになりたくていらっしゃいますか」であり，尊敬語が過剰に感じられるので 먹고 싶으십니까?と言う人もいる。

7） 우리 집에서 버스를 타고 30분쯤 가면 대형 서점에 도착한다.
自宅からバスに乗って30分ほど行けば大型書店に到着する。

▶出題意図　様態の-고，仮定

우리 집에서の逐語訳は「私の家から，わが家から」である。

8） 아직 이사 날짜를 못 잡고 있습니다.
まだ引っ越しの日取りを決められずにいます。

▶出題意図　不可能，고 있다

못＋고 있다は「まだ～できないままでいる」という遺憾のニュアンスを持つことが多い。잡다は「決める」という意味である。

9） 금요일까지는 꼭 일을 마치고 돌아오겠습니다.
金曜日までには必ず仕事を終えて帰ってきます。

▶出題意図　까지，完了の－고

韓国語には「まで」と「までに」の区別がないので注意が必要である。금요일까지는を「金曜日までは」と訳すと継続の till の意味になるので，仕事を終えた後，そこで宿泊するのではなく，毎日帰宅するという意味になる。そのような状況が考えられなくはないが，文脈から考えると完了の by の意味（金曜日までには）で訳すのが日本語としては自然であろう。

마치고は並列の用法ではなく，「仕事を終えてから帰る」ことを表しているので，**4. 1** で解説した完了の語尾である。意志を表す겠については **7. 1** で解説する。

10）6월이면 공사가 끝납니다.
6月になれば工事が終わります。

▶出題意図　時の名詞＋면

6월이면についてはポイント㉘を参照のこと。確定した未来については日本語と同様に現在形を用いることができる。

発展読解練習 4　日本語に訳してみよう。

わが家は5人家族だ〈1〉。父と母，そして兄と姉がいる〈2〉。私は末っ子だ〈3〉。そしてパドゥギもいる。パドゥギは我が家の犬の名前だ。父は会社勤めで〈4〉母は週に3回コンビニで働いている〈5〉。兄は大学生で姉と私は高校生だ。

父は毎朝早く起きる。朝食の前にパドゥギを連れて散歩に出かける。週末は〈6〉私もパドゥギを連れて散歩をする。母は料理がとても上手だ。母が作る料理はどれもおいしいが，その中でも私はキムチチゲ〈7〉が一番好きだ。兄は囲碁がとても強く，昨年市民囲碁大会で優勝した。でも先月軍隊に行った。だから学校は休学中だ。この前面会に〈8〉行ったら入隊前よりずっと健康で凛々しく見えた。姉は高3だ。大学入試のために毎日とても忙しい。週末もほとんど遊べない。私はまだ1年生だが姉をみていると2年後の私の姿が予想できる〈9〉。

〈1〉 逐語訳は「私の家族は全部で5人です」である。

〈2〉 逐語訳は「父と母がいらっしゃって兄，姉がいる」である。오빠と언니は妹が兄と姉を指して用いる語である。

〈3〉 逐語訳は「私が末っ子だ」である。

〈4〉 逐語訳は「会社にお通いで」である。「会社員で」と訳してもよいだろう。

〈5〉 逐語訳は「働いていらっしゃる」である。これ以降，尊敬語に関する注釈は省略する。

〈6〉 逐語訳は「週末には」である。

〈7〉 チゲは辛く味付けした鍋料理の一種。

〈8〉 를 가다はポイント❷を参照のこと。

〈9〉「予想される」と訳すより可能の意味で訳す方が日本語として自然である。

内容確認問題1　筆者は何人家族ですか。

③ 다섯 식구：5人家族。식구はその家庭で暮らしている人数を言う。

内容確認問題2

1）① 筆者の父は囲碁が強い：×，② 筆者の兄は大学を卒業した：×，
したがってⓓが正解。

2）① 筆者は女性だ：○（오빠, 언니は妹が使う語彙なので），
② 筆者の母は専業主婦だ：×，したがってⓑが正解。

実用文読解 4

이 민우さんは大学で留学生サポーターをやっています。次の文章は留学生歓迎会のために이 민우さんが準備した自己紹介文です。文章全体を日本語に訳して

みましょう。

こんにちは。私はイ・ミヌ〈1〉と申します。工学部建築工学科の2年生です。郷里は大邱ですが今は学校の前で一人暮らしを〈2〉しています。両親は大邱で暮らしています。妹はいま釜山にいます。日本に留学しようと釜山にある外国語高校に通っています。妹はダンスが趣味で，アイドル歌手の振り付けに合わせて上手に踊ります〈3〉。でも最近は大学入試のために忙しく，週末も遊べません。

私の趣味は音楽です。音楽を聴くのも好きだしギターも少し弾きます。高校時代はサークルでバンドを組んでいました〈4〉。スポーツの中ではサッカーが大好きです。応援している海外のサッカーチームの試合を見るために時々徹夜をすることもあります。父もサッカーが好きなので〈5〉，いつか父とヨーロッパへサッカーツアーに行くのが夢です。最近は料理も習っています。長期休暇の度に母がチゲやスープ，基本的な常備菜の作り方を教えてくれます。先週末はインターネットのレシピを見ながら〈6〉パスタを作って食べました。初めてでしたがおいしかったです。

皆さんの趣味と特技は何でしょうか。そして，どうして韓国に留学に来たのかも知りたいです。これから留学生の集いで何度も会って親しくお付き合いできればうれしいです。気になることがあればいつでも連絡してください。

〈1〉 韓国人の名前をカナで表記すると性別がわかりにくいことがあるが，민우は男性の名前である。

〈2〉 逐語訳は「一人で自炊しています」である。자취とは文字通りの「自炊」ではなく，食事のつかない間借りをいう。

〈3〉 逐語訳は「踊りによく従って踊ります」である。

〈4〉 逐語訳は「バンド活動をしました」である。

〈5〉 逐語訳は「お好きですが」である。

〈6〉 逐語訳は「インターネットで見たレシピで」である。

内容確認問題１　正しい答えを選ぼう。

1）筆者は何年生ですか：②2年生

2）筆者は何人家族ですか。②4人家族

内容確認問題２

1）① 筆者は週末毎に母から料理を習います：×，②筆者と筆者の妹は別の家で暮らしています：明示されていないが文脈から考えて○，したがってⓒが正解。

2）① 筆者は楽器を少し演奏できます：○，②筆者は先週末までパスタを作ったことがありませんでした：○，したがってⓐが正解。

LESSON 05

活用練習２ **現在連体形と過去連体形を原形に戻した上で，元の連体形の意味を調べましょう。動詞と形容詞の可能性がある場合は，訳し分けてください。**

1）푼（汲んだ，解いた）：母音語幹の푸다（汲む）とㄹ語幹の풀다（解く）の2通りの可能性がある。

2）시킨（させた）：母音語幹の시키다（させる）のみが答え。

3）민（毛が抜けた，穴をあけた，のけ者にした，押した）：母音語幹の미다（毛が抜ける，穴をあける，のけ者にする）とㄹ語幹の밀다（押す）の2通りの可能性がある。なお，밀다は押した結果対象が動く場合に用い，対象が動かない場合は누르다を用いる点に注意。

4）다시는（舌鼓を打つ，お吊るしになる，お量りになる）：母音語幹の다시다（舌鼓を打つ）とㄹ語幹の달다（吊るす，量る）に尊敬補助語幹が付いたものの2通りの可能性がある。なお，달다（甘い）は形容詞なので는が付くことはあり得ない。

5）이은（結んだ）：母音語幹に은が付くことはあり得ず，また이으다という用言も存在しない。ㅅ変則の잇다（結ぶ）が正解。

6）빨간（赤い）：母音語幹の빨가다もㄹ語幹の빨갈다も存在しない。ㅎ変則の빨갛다が正解。

7）도운（助けた）：母音語幹の도우다もㄹ語幹の도울다も存在しない。ㅂ変則の돕다（助ける）が正解。

8）외운（覚えた）：母音語幹の외우다が正解。ㄹ語幹の외울다もㅂ変則の욉다も存在しない。

9）무거운（重い）：母音語幹の무거우다もㄹ語幹の무거울다も存在しない。ㅂ変則の무겁다が正解。

10）준（与えた，減った）：母音語幹の주다（与える）とㄹ語幹の줄다（減る）の2通りの可能性がある。

11) 부시는（ゆすぐ，お吹きになる）：母音語幹の부시다（ゆすぐ）とㄹ語幹の불다（吹く）に尊敬補助語幹が付いたものの２通りの可能性がある。なお，부시다（まぶしい）は形容詞なので는が付くことはあり得ない。

12) 만난（会った）：母音語幹の만나다（会う）が正解。ㄹ語幹の만날다は存在しない。

13) 걸은（歩いた）：ㄷ変則の걷다（歩く）が正解。ㄹ語幹の걸다（掛ける）の過去連体形は건になるので正解にはならない。ポイント 100 を参照のこと。

14) 물은（尋ねた）：ㄷ変則の묻다（尋ねる）が正解。ㄹ語幹の물다（くわえる）の過去連体形は문になるので正解にはならない。ポイント 100 を参照のこと。

15) 수줍은（恥ずかしい）：子音語幹の수줍다（恥ずかしい）が正解。

16) 젖은（濡れた）：子音語幹の젖다（濡れる）が正解。

17) 녹은（溶けた）：子音語幹の녹다（溶ける）が正解。

18) 기운（傾いた，繕った）：母音語幹の기우다は存在しない。ㄹ語幹の기울다（傾く）とㅂ変則の깁다（繕う）の2通りの可能性がある。

19) 잔（寝た，細かい）：母音語幹の자다（寝る）とㄹ語幹の잘다（細かい）の2通りの可能性がある。

20) 는（増えた）：母音語幹の느다は存在しない。ㄹ語幹の늘다（増える）が正解。

基本読解練習 5　日本語に訳してみよう。

1）봉건 제도가 시작된 것은 주 왕조 시대부터다.
封建制度が始まったのは周王朝の時代からだ。

▶出題意図　連体形 것，助詞＋이다

「連体形 것」という構文に現れる것は，文脈に応じて「もの・こと・の」のいずれかに該当するので，文脈に応じて訳しわける必要がある。ポイント 56 を参照のこと。文末についてはポイント 34 を参照のこと。

2）그녀는 타고난 재력과 재능, 훌륭한 배경을 갖추었지만 좀처럼 한곳에 집중하지 못한다.

彼女は持って生まれた財力と才能，素晴らしい後ろ盾を備えているがなかなか一箇所に集中できない。

▶出題意図　現在の状態を表す過去形，不可能

배경は単なる「背景」ではなく「後援者」という意味である。갖추었지만は「備えたが」と過去で訳すのではなく，「備えているが」と現在の状態で訳すほうがよい。ポイント㉒を参照のこと。

3）　푸른 하늘을 나는 비행기를 쳐다보았다.
青い空を飛んでいる飛行機を見上げた。

▶出題意図　母音語幹とㄹ語幹

「青い空を私は飛行機を見上げた。」では意味が通じない。나는を나＋는と分析するだけでなく，나다あるいは날다の現在連体形の可能性を考慮して訳語を選ぶ必要がある。

4）　인간의 감정 가운데 가장 오래되고 격렬한 감정은 공포다.
人間の感情の中で最も古くて激しい感情は恐怖だ。

▶出題意図　並列の語尾，指定詞語幹の脱落

오래되다は오래 되다と分かち書きされることもあるが，「長い年月が過ぎる，古い」という意味である。공포다は母音で終わる名詞공포の後で指定詞語幹이が脱落したものである。

5）　많이 닳은 타이어는 빨리 가는 것이 좋다.
非常にすり減ったタイヤは早く交換するのがよい。

▶出題意図　母音語幹とㄹ語幹，連体形 것

빨리は速度が速い場合だけでなく時間的に早い場合にも使われる。가는の原形は가다/갈다/가늘다の3通りの可能性があるが，この文脈では갈다（交換する）が適切である。ポイント㊹を参照のこと。

6） 다수가 모인 집단이 언제나 개인보다 더 합리적이고 올바른 결정을 내리는 것은 아니다.
多数が集まった集団が常に個人より合理的で正しい決定を下すとは限らない。

▶出題意図　部分否定

더は「さらに，一層」という副詞であるが，必ずしも訳す必要はない。내리는 것은 아니다についてはポイント㊿を参照のこと。

7） 술렁거리던 교실 안이 찬 물을 끼얹은 듯 잠잠해졌다.
ざわついていた教室の中が冷水を浴びせたように静まりかえった。

▶出題意図　던，안

動詞語幹に던が接続した場合は「ていた」と訳すと良い。교실と안の間に「の」に相当する助詞がないのは，안が位置名詞だからである。詳しくはポイント❸を参照のこと。찬の原形は차다であるが，この文脈に合うのは形容詞の「冷たい」である。

8） 올 가을 들어 설악산에서 처음으로 눈이 관측됐다.
今秋になって雪岳山で初めて雪が観測された。

▶出題意図　連用形

올は올해の縮約形で「今年」である。들어は들다または듣다の連用形であるが，この文脈に合うのは「時の名詞 들다（ある時期になる）」である。처음으로は「初めて」，처음에(는)は「はじめのうち（は）」である。

9） 사막에서는 눈에 보이는 것보다 내면의 나침반에 귀를 기울이는 방향 감각이 중요하다.
砂漠では目に見えるものよりも内面の羅針盤に耳を傾ける方向感覚が重要だ。

▶出題意図　助詞の連続，連体形 것

눈에 보이다/귀를 기울이다は日本語と同じ発想である。この文脈における「連体形 것」は「もの」で訳すのが適切である。

10) 온돌은 겨울철 방 안을 따뜻하게 하는 일종의 화로 역할을 한다.
オンドルは冬場に部屋の中を暖かくする一種の火鉢の役割をする。

▶出題意図　의の不使用, 게 하다

안は基本的に比較的広い空間の中を指す。게 하는は 2. 4 で解説した使役形게 하다の現在連体形である。화로と역할の間にも「の」に相当する助詞がないが, 화로が役割の種類を示しているからであると考えると良い。ポイント㊾を参照のこと。

発展読解練習 5 日本語に訳してみよう。

韓国語は語順が日本語とほとんど同じなので, 日本人には学びやすい言葉だ。「してもよい, しなければならない」のような表現や「計算に入れる, 目が高い, 幕が上がる, なかったことにする, 納得がいかない」のような慣用句は単語を一つ一つ置き換えていけば正しい日本語になる。

現在日本人が学校で一番最初に学ぶ外国語は英語であるが, もしもそれが韓国語であったとしたら外国語に対する印象が違っていたかもしれない。外国語を学ぶことがさほど難しくないという印象を受けて〈1〉外国語に対する自信を持つようになったかもしれない。

もちろん大きく異なる点もある。日本語は名詞の前で名詞を修飾する連体形が〈2〉形容動詞を除けば原形と全く同じであるが, 韓国語は互いに異なる形になる。作文するときに初級段階の学習者が間違いやすい点だ。その反対に「見ると同時に」,「到着し次第」のように日本語で連体形を使わない表現で連体形を使う場合には韓国語母語話者が間違った日本語を使う可能性が高い〈3〉。

〈1〉逐語訳は「難しくないと思って」である。
〈2〉逐語訳は「冠形詞形」である。
〈3〉逐語訳は「大きい」である。

練習問題解答

内容確認問題1　‘막이 오르다’と同じ意味を持つものはどれですか。

「ある行事が始まる」だから②시작되다が正解。

内容確認問題2

① 韓国語は日本語と語順が全く同じだ：×

② 日本人が学校で初めて学ぶ外国語は韓国語だ：×。したがってⓓが正解。

実用文読解 5

韓国人は誕生日にわかめスープを食べます。

母は毎年私の誕生日になれば，外国に住んでいる娘に電話をかけます。そして「わかめスープは食べたかい。」と尋ねます[1]。私が故郷の家で誕生日を迎えなくなってからかなり長い歳月が経過したが，母は今でも私の誕生日になればわかめスープを作っておこわと一緒に食卓の上の置いておきます。韓国では誕生日にわかめスープを食べる習慣があります。昔からわかめスープは産婦が子供を産んだ後で食べていた食べ物です。それで誕生日に母が子供を産むときに苦労したことを考えながらわかめスープを食べるのだそうです。

また韓国では子供が生まれて100日目に[2]それまで無事に育ったのを感心なことだとみなし，百日[3]のお祝いをします[4]。昔は新生児の死亡率が高くて100日を超えたことが祝うべきことでした。百日を祝う膳にはペクソルギ（粳米の粉で作った蒸し餅）のような伝統的な韓国の餅を載せます。ペクソルギのペクは数字の百と音が同じです。100歳まで長生きするようにという意味を込めたのです。

そして生後1年目の[5]誕生日を特別な日とみなして満一歳を祝う宴を催します。満一歳の宴には「トルジャビ」という伝統的な風習があります。お祝いの膳の上に鉛筆，お金，糸などを置いて子供にその中から一つを選ばせるのです。鉛筆をつかめば勉強がよくでき，お金をつかめば金持ちになり，糸をつかめば長生きをすると言います。時代が変化するにつれて最近ではマイクや聴診器を置くこともあります。マイクをつかめば芸能人になり，聴診器をつかめば医者になると言いますが，それは両親の希望を反映しているようです[6]。このような風習は中国から来たものだそうです[7]。中国でも韓国と同様に子供が生まれてから1年目に[8]子供の未来を占う行事をすると共に子供の誕生日を祝います。伝統的に文房具，弓と矢，銅銭，書籍のようなものを準備して，子供に自由に選ばせます〈9〉。

日本では誕生日にどのような風習がありますか。外国の友人に紹介してみましょう。

〈1〉逐語訳は「お尋ねになります」である。これ以降，身内に対する尊敬形の使用については触れない。

〈2〉逐語訳は「100 日になれば」である。

〈3〉日数を表す場合は「100 日」と表記し，行事を表す場合は「百日」と表記することにする。

〈4〉逐語訳は「してやります」である。

〈5〉逐語訳は「1年になる」である。

〈6〉逐語訳は「希望のようです」である。

〈7〉逐語訳は「中国に由来したものだと言います」である。

〈8〉逐語訳は「1年になる日に」である。

〈9〉逐語訳は「子供が望む品物をつかませます」である。

内容確認問題

1）① わかめスープは産婦の健康に良い：事実かもしれないが，本文には書かれていない。×。②ペクソルギのペクを漢字で書けば数字の 100 になる：音が同じだと書かれているだけである。×。したがってⓓが正解。

2）① トルジャビの誕生日膳の上に置く品物は時代によって異なる：○。②トルジャビの風習は韓国で始まった：×。したがってⓑが正解。

LESSON 06

活用練習 3　活用形を語幹と語尾または体言＋指定詞＋語尾または体言＋助詞に戻した上で，元の活用形の意味を調べましょう。

1）먹이고（食べさせて，餌で，墨で）：먹이［다］（食べさせる）＋고（並列語尾：て）の可能性と，먹이（母音で終わる名詞：餌）＋指定詞이［다］の語幹が脱落＋고（並列語尾：て），さらに먹（子音で終わる名詞：墨）＋이［다］（指定詞の語幹：だ）＋고（並列語尾：て）の3通りの可能性がある。

2）종이예요（紙です）：종이（母音で終わる名詞：紙）＋예요（이［다］＋에요の

縮約形)のみが答え。종(子音で終わる名詞：鐘)の後では이[다]＋에요が縮約せず종이에요となるので候補からは除外される。

3) 거세요(激しいです, 掛けてください):거세[다](母音語幹:激しい)＋어요(略式丁寧体語尾：です)の縮約形と, 걸[다](ㄹ語幹：掛ける)＋시(尊敬補助語幹)＋어요(略式丁寧体語尾)の縮約形2通りの可能性がある。

4) 잡지만(捕まえるが, 雑誌だけ)：잡[다](捕まえる)＋지만(逆接語尾：が)と잡지(名詞：雑誌)＋만(限定助詞：だけ)の2通りの可能性がある。

5) 가시는(消える・ゆすぐ, お行きになる, 交換なさる・お磨きになる・お耕しになる, とげは):가시[다](消える・ゆすぐ)＋는(現在連体形語尾), 가[다](母音語幹：行く)＋시(尊敬補助語幹)＋는(現在連体形語尾), 갈[다](ㄹ語幹：交換する・磨く・耕す)＋시(尊敬補助語幹)＋는(現在連体形語尾), 가시(名詞：とげ)＋는(主題助詞：は)の4通りの可能性がある。

6) 가지는(持つ, 行くことは, 種類は):가지[다](持つ)＋는(現在連体形語尾), 가[다](母音語幹：行く)＋지(否定形成語尾)＋는(主題助詞：は), 가지(名詞：種類)＋는(主題助詞：は)の3通りの可能性がある。2番目は가지는 않습니다(行くことはしません, 行きはしません)に現れる形式を分析したものである。

7) 배우고(学んで, 俳優で)：배우[다](学ぶ)＋고(並列語尾：て)の可能性と, 배우(母音で終わる名詞:俳優)＋指定詞이[다]の語幹が脱落＋고(並列語尾:て)の2通りの可能性がある。

8) 일어나(起き上がって, 日本語や)：일어나[다](起き上がる)＋아(連用形語尾)の縮約形, 일어(名詞：日本語)＋나(羅列助詞：や)の2通りの可能性がある。

9) 주어도(与えても, 主語も)：주[다](与える)＋어도(譲歩語尾:ても),주어(名詞：主語)＋도(添加助詞：も)の2通りの可能性がある。

10) 파도(掘っても, ネギも)：파[다](与える)＋아도(譲歩語尾:ても)の縮約形, 파(名詞：ネギ)＋도(添加助詞：も)の2通りの可能性がある。なお, 파도全体では「波」という名詞もある。

11) 나서(乗り出して, 出て)：나서[다](乗り出す)＋어(連用形語尾：て)の縮約形, 나[다](出る)＋아서(前提動作・理由の語尾：て)の縮約形の2通りの可能性がある。

12) 들어서（立ち入って，入って・持って，聞いて・滴って）：들어서［다］（立ち入る）＋어（連用形語尾：て）の縮約形，들［다］（入る・持つ）＋어서（前提動作・理由の語尾：て），듣［다］（ㄷ変則動詞：聞く・滴る）＋어서（前提動作・理由の語尾：て）の3通りの可能性がある。

13) 지어도（作っても）：짓［다］（ㅅ変則動詞：作る）＋어도（譲歩語尾：ても）のみが答え。지다の場合は縮約して져도となるので候補になりえない。

14) 겨도（糠も）：겨（名詞：糠）＋도（添加助詞：も）のみが答え。기［다］（這う）＋어도（譲歩語尾：ても）の縮約形の可能性が考えられるが，通常は縮約せずに기어도となるので候補になりえない。

基本読解練習 6 日本語に訳してみよう。

> 1） 이 만년필은 작년에 중국에 갔을 때 선물로 받은 것이다.
> この万年筆は去年中国に行ったときにお土産としてもらったものだ。

▶出題意図　時の名詞＋, 았을 때, 로

韓国語では「昨日，今日」のような特別な場合を除けば時を表す名詞には에を付けるのが原則であるが，日本語では相対的な時を表す名詞には通常「に」が付かない。「〜したとき」は過去連体形を使わずに았을 때を使う点に注意しよう。으로/로が様々な意味で使われることはすでに触れたが，ここでは「として」という意味でつかわれている。「お土産で」では日本語として不自然である。2. 5を参照のこと。

> 2） 여러분도 언젠가 틀림없이 자막 없이 한국 드라마를 볼 수 있을 것입니다.
> 皆さんもいつの日かきっと，字幕なしで韓国ドラマを見ることができるでしょう。

▶出題意図　ㄴ가, 없이

ㄴ가を疑問詞につけると不定の意味を表す（어딘가 どこか, 누군가 誰か）。없이は없다の副詞形で，틀림없이は「間違いなく」，없이は「なしで」になる。

> 3） 출토품으로 보아 이 주변은 풍족한 곡창지대였을 것이다.
> 出土品から見てこの周辺は豊かな穀倉地帯だったはずだ。

▶出題意図　으로/로, 連用形, 指定詞の過去形

この文における으로は根拠を示す「から」の意味で使われている。7. 5 を参照のこと。指定詞の過去形は母音で終わる体言の後では縮約して였となる点に 注意。3. 5（6）を参照のこと。을 것이다は 6. 2（3）で解説した推量を表す拡張形式である。

> 4） 연수가 거짓말을 했을 리가 없지만 내가 연수하고 약속한 시간에 역에 갔을 때에는 아무도 없었다.
> ヨンスが嘘をついたはずはないが, 私がヨンスと約束した時間に駅に行ったときは誰もいなかった。

▶出題意図　未来連体形, 助詞の하고, 아무도 없다

을 리가 없다は「はずがない」という拡張形式である。연수하고を「研修して」と訳したのでは意味が通じない。人名の연수に助詞の하고が付いたものである。때에는は「ときには」と逐語訳しても正解。아무도 없다は「誰もいない」であり, 아무것도 없다は「何もない」である。

> 5） 요즘은 어디서나 간단한 서비스만 받아도 돈을 내야 한다.
> 最近はどこに行っても, 簡単なサービスを受けただけでもお金を払わなければならない。

▶出題意図　助詞の서, 譲歩, 義務

어디서나は어디＋서＋나と分析できる。서は助詞の에서が場所代名詞の後で縮約されたもの, 나は助詞の「でも」である。逐語訳は「どこででも」だがよりこなれた訳語を選んだ。서비스만 받아도の逐語訳は「サービスだけ受けても」だが, 日本語として不自然なので語順を変更した。돈을 내다は「お金を出す・払う」である。

6）멀리서였지만 나는 그녀를 한눈에 알아볼 수 있었다.
遠くからだったが私は彼女を一目で見分けられた。

▶出題意図　助詞＋指定詞

멀리서였지만は멀리＋서＋이［다］＋었＋지만と分析できる。서は5）と同じく에서の縮約形である。ポイント34で解説したように，助詞に指定詞が接続している。逐語的に日本語に置き換えれば正しい訳が得られるのは日本人学習者にとってはありがたい。한눈には「一目」という意味と「わき見」という意味があるので注意したい。

7）답답한 문제가 있을 때, 그저 누군가에게 이야기를 하는 것만으로도 도움이 될 것입니다.
憂鬱な問題がある時，ただ誰かに話をするだけでも役に立つはずです。

▶出題意図　을 때，助詞の連続，ㄹ 것이다

있는 때ではなく있을 때になっている点に注意。누군가에게は누구＋ㄴ가＋에게と分析できる。누구は人間を表す疑問詞なので，에ではなくて에게が付いている点に注意。것만으로도の逐語訳は「ことだけでも」であるが，不自然なので「こと」を省いて訳した。文末のㄹ 것이다は推量を表し，「だろう，はずだ」と訳すのが適切である。

8）예방 주사의 효과는 3개월 정도 가지만 다시 맞아야 하는 불편함이 있다.
予防注射の効果は3ヵ月ほど続くが，また注射しなければならない不便さがある。

▶出題意図　가다，맞다

この文脈における가다は「行く」ではなくて「（効果などが）持続する」という意味である。「注射をする」は医者の立場からは주사를 놓다と言い，患者の立場からは주사를 맞다と言う。맞아야 하는としか書かれていないが，文脈から判断して주사를が省略されていると考えられる。불편함は불편하다（不便だ）の語幹に名詞化の語尾ㅁが付いたものである。

9）그 주장에는 사회적 갈등을 심화시킬 수 있는 요소들이 다분히 포함돼 있다.
その主張には社会的葛藤を深める可能性のある諸要素が多分に含まれている。

▶出題意図　심화시킬，포함돼，可能性，들の訳し方

6. 4 で漢字語の動作性名詞に続く하다と되다と시키다について解説したが，ポイント55で述べたように，固有語で訳すほうが自然な日本語になることがある。ここでは심화시킬を「深化させる」ではなくて「深める」，포함돼を「包含されて」ではなく「含まれて」と訳しておいた。また，ㄹ 수 있는は7）と同様に可能性を示す用法である。요소들を「要素たち，要素ら」と訳したのでは不自然である。詳しくはポイント89 90を参照のこと。

10）외국인 임대주택 시장에서는 집주인들의 횡포가 심해 2~3년치 임대료를 한꺼번에 요구하는 것이 관례화됐다.
外国人賃貸住宅市場では家主の横暴がひどく，2~3年分の賃貸料を一度に要求するのが慣例化されている。

▶出題意図　집주인，심해，치

주인は「主人」以外に「持ち主」という意味がある。したがって집주인「家（の）持ち主」すなわち家主・大家である。들は「たち」と訳してもよいが，ここでは訳さなかった。심해は名詞の「深海」ではなく，심하다の連用形である。치は「分量，～分」を表す。관례화됐다は単純な過去ではなく「ている」と現在の状態として訳すほうが日本語として自然であろう。

発展読解練習 6　日本語に訳してみよう。

人々は自分の生活の必要を満たす〈1〉ために様々な形態の労力〈2〉を自然に投下して必要な物資を生産する。商業は直接物資を作り出すわけではないが〈3〉，生産された物資の効用を増大させ消費生活に便宜を提供するものなので，広い意味でやはり生産とみなすことができる。

ところで現代の資本主義経済においては，ほとんどすべての物資は消費のためではなく，生産者が利益を得るために生産される。このように営利を目的として生産活動をする組織を企業という。19 世紀でさえ企業は規模が小さく生産活動の内容も簡単だったので，その運営はさほど困難ではなかった。しかし今日では市場が次第に大きくなり，生産量が増加するにつれ，企業の規模も一般的にさらに拡大し，生産活動の内容もさらに複雑になった。

〈1〉漢字語としては「充足させる」である

〈2〉노력という綴り字をみるとすぐに「努力」と結びつけたくなるが，文脈から判断すれば「労力」が適切である。

〈3〉連体形 것은 아니다は部分否定を表す。ポイント㊿を参照のこと。

内容確認問題　正しい答えを選ぼう。

1）商業は {① 生産だ　② 物資だ　③ 生活だ　④ 効用だ}：①が正解。

2）企業は {① 消費を　② 生産を　③ 営利を　④ 拡大を} 目的とする：③が正解。

実用文読解 6

交通カード販売機で交通カードを購入してみよう。

韓国で地下鉄やバスに乗るときには日本と同様に現金または交通カードを使用する。一度だけ使用する地下鉄の切符やバスの切符は存在しない。地下鉄の場合，1回用カードがあるが，大部分は一度買ってチャージ〈1〉さえすれば継続して使える交通カードを利用する。

交通カードは一般的なカード型と携帯電話などに付けることができるストラップ型の2種類がある。地下鉄の駅，交通カードのマークが貼ってあるコンビニ，バス停の近くの街頭販売店で購入できる。初めて買うときにはチャージする金額以外にカードの購入費用を別途支払わなければならない。チャージは地下鉄の駅のチャージ専用機ですればよい。コンビニや街頭販売店でも可能だ。店員に「○○○ウォンチャージしてください。」と言えばよい。店でチャージするときはカードでは決済ができず現金しか受け取らない〈2〉ところもある。

地下鉄，バス，交通カードのマークが貼ってあるタクシーで交通カードが使える。

日本と異なる点は，地下鉄やバスを利用する際に乗り換えの追加料金が発生しないという点だ。30 分以内であれば地下鉄から地下鉄，バスから地下鉄，バスからバスに乗り換えるとき，料金は無料だ。無料での乗り換えは4回まで可能だという。バスでは普通，乗るときにだけ機械にカードをタッチすればよいが，乗り換えの時は必ず降りるときにもカードをタッチしなければならない。そうしなければペナルティー料金が課される。また，バスを利用するときは二人以上の料金を一度に支払うことができる。乗るときに運転手に「二人です。」，「二人乗り換えです。」と言えばよい。

交通カードを返して払い戻してもらいたいときには地下鉄の各駅に〈3〉問い合わせればよい。コンビニも一部で清算〈4〉できるところがある。今度また韓国に来る計画があるのなら払い戻しを受けずに持っているほうが便利だ。

〈1〉충전は「充電」ではなくて「充塡」であり「チャージ」を表す。

〈2〉逐語訳は「現金だけ受け取る」である。

〈3〉逐語訳は「各地下鉄駅に」である。

〈4〉韓国語でも辞書では정산（精算）と청산（清算）が区別されているが，日常的には債務や債券以外には청산を使うことはあまりないようである。ちなみに，精算は乗り越し料金の計算など細かく計算する場合に用い，清算は借金を全額返済するときなどその後の関係を絶つ場合に用いる。

内容確認問題

1）① 交通カードはあらかじめチャージしなければ使えない：○。

② 店でチャージするときはカードでは決済できない：×。

したがってⓑが正解

2）① 無料乗り換えは 4 回まで可能だ：○。

② 交通カードは所有者の料金しか支払えない：×。

したがってⓑが正解。

LESSON 07

基本読解練習 7 日本語に訳してみよう。

1） 한 가지 능력이 발달하면 다른 능력이 퇴화되기 쉽다.
一種類の能力が発達するとほかの能力が退化しやすい。

▶出題意図　漢字語＋되다, 기 쉽다

6. 4で漢字語＋하다/되다/시키다について解説したように，퇴화하다が自動詞なので퇴화되다は受動動詞（される）にならず，自動詞のままである。

2） 병원 입구에는 한 열 살 가량의 어린아이와 그 엄마로 보이는 여자가 있었다.
病院の入り口にはほぼ10歳程度の子供とその母とおぼしき女性がいた。

▶出題意図　한, 로

この文脈における한は，ポイント66②で解説した「約」の意味である。また，보이다は「見せる」ではなく「見える，思える」であり，로 보이다は「と見える，と思える」である。

3） 내빈 인사는 길지 않아야 한다.
来賓のあいさつは短くなければならない。

▶出題意図　지 않아야 하다

「長くなければならない」と訳すのは間違いである。「長くない」ことが義務なのだから，「短くなければならない」または「長くてはいけない」と訳す必要がある。ポイント70を参照のこと。

4） 우주의 크기는 상상하기조차 어렵다.
宇宙の大きさは想像することさえ難しい。

▶出題意図　기 어렵다

상상하기조차 어렵다は難易表現の기 어렵다に助詞の조차が挿入されている。このような場合は상상하［다］（想像する）＋기（こと）＋조차（さえ）어렵다（難しい）のように逐語的に訳すと自然な日本語になることがある。

5） 언어학 교재에 따르면 언어는 그 언어를 사용하는 사람의 정신을 비춰 주는 거울이다.
言語学の教材によれば，言語はその言語を使う人の精神を映す鏡だ。

▶出題意図　따르다，恩恵授受

따르다は3. 6で解説したように，을/를を要求する動詞であるが，「～による」という意味になる場合は에を用いる点に注意したい。비춰 주는は7. 3で解説した恩恵授受の拡張構文であるが，この文脈では「てやる・てくれる」と訳さないほうが日本語としては自然である。

6） 대개 한 달에서 수개월 이내에 해리장애가 해소되지만, 경우에 따라서는 수십 년간 지속될 수도 있다는 것이다.
大抵は，一ヵ月から数ヵ月以内に解離障害は解消するが，場合によっては数十年間持続することもあるそうだ。

▶出題意図　時の名詞＋에서，ㄹ 수도 있다

時の起点を示す「から」は부터を用いるが，起点と終点が対になって用いられるときは，時の起点であっても에서を用いることがある点についてはポイント㊽で解説しておいた。해소되다と지속되다は受動動詞ではなく自動詞である。지속될 수도 있다は可能性を示すㄹ 수 있다に助詞の도が挿入されたものである。

7） 당시 아르바이트를 많이 했던 것은 내 학비나 생활비를 벌기 위해서만은 아니었다.
当時アルバイトをたくさんしたのは，私の学費や生活費を稼ぐためだけではなかった。

▶出題意図　았던，벌기 위해서，은 아니다

벌기 위해서は目的を表す拡張表現であり，それに助詞の만と은が続いている。訳例では，「稼ぐためにだけでは」と訳すと日本語として不自然なので「に」を省いておいた。ポイント㊼を参照のこと。

8) 마케팅의 목적은 단 하나. 어떻게 하면 상품과 서비스를 소비자에게 뚜렷이 각인시키느냐다.
マーケティングの目的はただ一つ。どうすれば商品とサービスを消費者にはっきりと印象づけるかだ。

▶出題意図　느냐다

각인시키다は「印鑑を刻ませる」という意味だが，「印象付ける」と訳しておいた。文末の느냐다は格式非丁寧体疑問語尾느냐に指定詞이다が接続したものである。ポイント34を参照のこと。

9) 가장 중요하고 과학적으로 증명되었으면서 비용도 적게 드는 노화 방지 방법이 운동이다.
最も重要で，科学的に証明されていながら費用も少ししか掛からない老化防止法が運動だ。

▶出題意図　면서

증명되었으면서は逆接の用法である。「時間が掛かる」場合は걸리다が，「費用が掛かる」場合は들다が用いられる。적게 들다を逐語的に「少なくかかる」と訳したのでは不自然である。노화방지 방법の逐語訳は「老化防止方法」である。

10) 판소리 연구의 제일인자이신 강한영 교수가 학생들을 위해 특별 강연을 해 주셨다.
パンソリ研究の第一人者である姜漢永教授が学生たちのために特別公演をしてくださった。

▶出題意図　指定詞の連体形，을 위해，恩恵授受

ポイント65で指定詞の現在連体形について解説したが，제일인자に続く이신は指定詞語幹이＋尊敬補助語幹시＋現在連体形語尾ㄴと分析できる。逐語的に訳せば「第一人者でいらっしゃる」となるのでそのように訳しても構わない。

発展読解練習 7 日本語に訳してみよう。

スイカは皮が固く厚いので，外観だけでは中がよく熟れている〈1〉かどうかわからない。スイカを買うとき，スイカがよく熟れているかどうか調べるために日本人はスイカを軽く叩いてみる。韓国にもスイカを叩く〈2〉習慣があるが，叩いてみるだけでは〈3〉気が済まないようだ。時々スイカを売る人がスイカの切れ端を小さな三角錐の形に切り出して〈4〉お客さんに見せてくれることがある。お客さんはよく熟れたスイカを自分の目で確認すれば安心して買うことができるはずだ。大部分の人は売る人が三角錐の切れ端を見せてくれればそのスイカを買う。このようにスイカ一切れを切り取って見せてくれるのは市場でスイカ1玉を丸ごと買うときの話だ。最近では果物も大型スーパーで買う場合が多い。大型スーパーではスイカを売るときあらかじめスイカの中を見せてくれることはない。そして半玉や4分の1ずつラップして売る場合も多い。

〈1〉過去形であるが現在の状態を表している。ポイント㉒を参照のこと。

〈2〉逐語訳は「叩いてみる」である。

〈3〉逐語訳は「叩いてみることだけでは」である。

〈4〉見たことがない人にはその光景を想像しにくいかもしれないが，スイカの表面に三角形の切り込みを入れ，三角錐のスイカを取り出して熟れ具合を見せてくれる。お客さんが確認した後は取り出した三角錐を元に戻す。

内容確認問題

1）① スイカを買うときの行動は韓国と日本では少し異なる：○
　② 大型スーパーではスイカを丸ごと売らない：×　したがってⓑが正解。

実用文読解 7

文章全体を日本語に訳してみましょう。

スペックアップに追われる韓国の大学生

皆さんは「スペックアップ」という言葉を聞いたことがありますか。‘specification’の省略語である「スペック（spec）」という単語は日本では主に製品の仕様を示す意味で使われますが，韓国では人にも使われます。特に就活生たちが就職をするために身につけておかねばならない学力，外国語の点数，社会活動の経歴などをひっくるめてスペックと言います。

最近の韓国の大学生は就活のために多くの努力をしなければなりません。単位の管理，TOEICのような認定外国語の点数獲得，コンピュータなどの各種の資格取得，インターンシップ，海外語学研修など準備することが一つや二つではありません。

大学に入学してキャンパスライフ〈1〉を楽しむ余裕もなしにスペックアップに追われる生活をするようになります。朝早く英語学校に通い，授業の合間にインターネット通信の講義を聴きながらそれ以外の資格の準備もしなければなりません。受講登録の日には単位を気前よくくれる講義に登録するために熾烈な腹の探り合いをすることもあります。サークル活動も趣味よりはビジネス英語，創業，財テクなど就職に役立つサークルが主流になりました。ボランティアも純粋な動機からではなく就職願書の作成に必要だからする場合もあります。

社会問題に関心をもって学生運動やボランティアに参加したり，合コンやサークル活動に熱中したりもした 80-90 年代の大学文化とは全く異なります。就職のためにはそれ以外の価値を放棄しなければならないという意味で三放世代（恋愛，結婚，出産を放棄する世代）という新語が作られたりもしました。

最近ではこれに対する反作用として「ヒーリング・サークル」が流行しているそうです。野良猫の世話サークル，都市農業サークル，アーチェリー・サークルなどがそれです。就職難が深刻になるとともにむしろ就職と無関係なサークル活動で癒し〈2〉を得ようとするというのです。

〈1〉 逐語訳は「キャンパスのロマン」である。

〈2〉 逐語訳は「慰労・慰め」である。

内容確認問題

1）① 最近の韓国の大学生は就職に関連のあるサークル活動だけをする：×
　② 純粋な動機でボランティアをする大学生もいる：○　したがってⓒが正解。

2）① 単位を取りにくい講義は人気がない：○
　② 80-90 年代の大学生は就職に関心がなかった：そのようなことは書かれていないので×　したがってⓑが正解。

LESSON 08

基本読解練習 8　日本語に訳してみよう。

1）식구가 적은데 생선을 세 마리나 사 왔기 때문에 많이 남았다.
家族が少ないのに魚を3匹も買ってきたのでたくさん余った。

▶出題意図　은데, 나

この文脈における은데は，8. 1で解説した逆接の意味で使われている。また，나は8. 1で解説した数量過多の意味で使われている。

2）자세히 조사해 보니까 그것은 나비도 나방도 아닌 신종 곤충이었다.
詳しく調査したところ，それは蝶でも蛾でもない新種の昆虫だった。

▶出題意図　니까, A도 B도 아니다

この文脈における니까は，8. 4で解説した確定条件の意味で使われている。また，나비도 나방도 아니다は나비가 아니다と나방이 아니다を도で結合したものである。ポイント㊳を参照のこと。

3）계산을 하려고 보니까 지갑이 없어서 당황했다.
支払いをしようとしたところ財布がなくて慌てた。

▶出題意図　려고, 니까

この文脈における계산을 하다は，文字通り「計算をする」のではなく「店で支払いをする」という意味である。

4）엄마는 조금 전에 적금 타러 은행에 가셨어요.
母は少し前に積立預金を受け取りに銀行に行きました。

▶出題意図　적금, 러, 가셨어요

적금は，漢字「積金」の音読みで，積立預金の意味である。타다は様々な意味

を持つ多義語であるが，ここでは「受け取る」という意味である。가셨어요の逐語訳は「お行きになりました」であるが，日本語として不自然なので「行きました」と訳しておいた。

5） 졸고 있는데 전화 벨이 울려서 깜짝 놀랐다.
うとうとしていると電話のベルが鳴ってびっくり仰天した。

▶出題意図　는데, 놀랐다

この文脈における는데は，前置きの「すると」の意味である。놀랐다の原形は놀라다であり, 깜짝 놀랐다の逐語訳は「ぎょっと驚いた」である。

6） 그 수수께끼는 누구나 다 아는 것인데 나는 못 풀었다.
その謎々は誰でも知っているものなのに私は解けなかった。

▶出題意図　누구나, ㄴ데

누구나 다の逐語訳は「誰でも皆」であり，そのように訳しても構わない。この文脈におけるㄴ데は逆接の「のに」の意味である。

7） 뒤처리는 제가 알아서 할 테니까 그냥 가세요.
後始末は私がちゃんとしますからそのまま行ってください。

▶出題意図　알아서 하다, 니까

알아서 하다は日常生活でよく使われる表現で,「きちんとやる，責任をもって処理する」という意味である。ㄹ 테다は意志を示す「するつもりだ」である。この文脈における니까は，理由の「ので，から」の意味である。また, 그냥 가세요は「後のことは心配しないでそのまま立ち去ってください」というニュアンスである。

8） 결과가 나올 때까지 계속 노력하겠습니다.
結果が出るまでずっと努力するつもりです。

▶出題意図　ㄹ 때까지, 겠

나올 때까지の逐語訳は「出る時まで」であるが，日本語としては「時」がないほうが自然である。この文脈における겠は話し手の意志を表している。日本語としては「努力します」と訳しても間違いではないが，ここでは意志を明確に表すために「つもりです」と訳しておいた。

9）개인주의의 확산으로 인한 개인 사이의 긴장 고조 문제는 타인에 대한 관용, 예절 및 책임감 같은 전통적 가치를 선호하게 만들었다.
個人主義の拡散による個人間の緊張の高まりの問題は，他人に対する寛容・礼節および責任感のような伝統的価値を重要視させた。

▶出題意図　으로 인한, 에 대한, 게 만들다

으로 인한は原因を表す拡張構文で「～による」と訳す。고조は「高潮」という漢字語であるが和語で訳すほうが自然であろう。에 대한はポイント76を参照のこと。ポイント18で比況の과/와 같은を解説したが，助詞を付けないで使われることもある。선호하게は「選り好みする，好む」という意味であるが，文脈に合わせて「重要視する」と訳してみた。게 만들다は2. 4で解説した게 하다と同じく使役を表す拡張構文である。

10）현대사회의 개인이나 단체들의 권리는 계약에 의한 법률적 정당성을 기초로 하고 있다.
現代社会の個人や団体の権利は，契約による法律的正当性に基いている。

▶出題意図　이나, 에 의한

この文脈における이나は，列挙の「や」の意味である。에 의한についてはポイント77を参照のこと。

発展読解練習 8　日本語に訳してみよう。

日本には「相撲」があり，韓国には「シルム」がある。日本ではプロの相撲競技が開かれる。これを「大相撲」と言い，1年に6回「本場所」と呼ばれる大会が開催される。力士は〈1〉実力に従っていくつかのランクに分けられる。例えば「横綱」,「大関」などがあるが，各力士は本場所ごとに〈2〉成績によってランクが上下する〈3〉。等級のなかで横綱が最も高いランクである。一旦横綱になれば成績が悪くてもランクが下がらないがずっと成績が悪ければ力士をやめなければならない。韓国のシルムは体重によるクラスに分けられる。太白級，金剛級，漢拏級，白頭級などがそれだ。そしてクラスに関係なく実力を競う大会があるが，ここで優勝した力士を「天下壮士」と呼ぶ。ところで，試合をする方法は相撲とシルムで〈4〉少し異なる。相撲は二人が互いに離れてしゃがんだ状態から試合を始めるが，シルムは互いのサッパをつかんだ状態で立って始める。そして，相撲には「土俵」と呼ばれる枠があり相手を押して土俵の外に追い出したり倒したりすれば勝つ。しかしシルムには土俵がなく，相手を倒さない限り勝てない。韓国における〈5〉プロのシルムは 1980 年代に非常に人気があってテレビ中継まで行ったが，今はプロのシルムはなく，大韓シルム協会民俗シルム委員会が主管する体重別の相撲大会のみが行われる。中国やモンゴル，ベトナムなどでも相撲やシルムに似た競技がある。

〈1〉逐語訳は「相撲選手は」である。

〈2〉逐語訳は「大会ごとに」である。

〈3〉逐語訳は「上がることもあるし下がることもある」である。

〈4〉逐語訳は「相撲とシルムが」である。

〈5〉逐語訳は「あっての」である。

実用文読解 8

文章全体を日本語に訳してみましょう。

効果的な暗記法

19 世紀後半にエビングハウス（Ebbinghaus）という学者が時間の経過に伴う忘却の傾向を研究して下図のようなグラフを作成した。意味のある単語を使うと〈1〉個人差が実験結果に影響を及ぼす可能性があるので，子音と母音を無作為に配列した単語を考案して被検者に学習させたのち，時間の経過に伴う記憶保持率〈2〉を調査した。

〈エビングハウスの忘却曲線〉

上のグラフによれば，学習後 20 分が経過すると記憶した内容の 42% 程度を忘れ，一日が過ぎれば 67%，31 日が経てばほとんど 80% 近く忘れてしまう。

これと関連して効率的な記憶法に対する研究がすすめられた。記憶は感覚記憶，短期記憶，長期記憶に分類されるが，学習において重要なのは短期記憶を長期記憶に変換する〈3〉ことである。

まず，量的な側面では反復学習が重要である。長い時間をかけて〈4〉一度に覚えようとするよりも，一定の間隔〈5〉を置いて少量ずつ〈6〉何度も暗記するほうが効率的だという。また，質的な側面では記憶の処理過程も重要である。当該の内容を概念それ自体として暗記しようとするよりは自分の経験や感情と関連させて記憶するのが効果的だ。過去に経験したエピソードと結びつけたり〈7〉，実際に自分が使用できる表現で再構成してみることなどがこれに当たる。パズルのように〈8〉綴り字の配列を変えてみたり，他の単語と関連付けて覚えることもできる。このような方法によって長期記憶に変換された内容は長期にわたって頭の中に保存される。

筆者の〈9〉経験をひとつ紹介してみよう〈10〉。日本語の記号名である「アスタリスク」という単語がなかなか覚えられないので，「アスタにはいつもリスク（危険）がある」という文を作って暗記したことがある。くだらない話だが，このような表現を作ったこと自体が自分にとっては興味深いエピソードとして記憶されているので，恐らくこの単語は一生忘れないと思う。

〈1〉 逐語訳は「一般語彙の場合」である。

〈2〉 逐語訳は「記憶維持率」である。

〈3〉 逐語訳は「転送する」である。

〈4〉 逐語訳は「投資して」である。

〈5〉 逐語訳は「時間間隔」である。

〈6〉 逐語訳は「軽く」である。

〈7〉 逐語訳は「結びつけること」である。

〈8〉 逐語訳は「ことば遊びをするように」である。

〈9〉 逐語訳は「本人の」である。

〈10〉 逐語訳は「話してみると」である。

LESSON 09

基本読解練習 9　日本語に訳してみよう。

1）　값은 훨씬 저렴하면서도 디자인이나 품질은 뒤처지지 않는 제품을 만들어 내는 데 주력했다.

　　値段は遥かに安いのに，デザインや品質は負けない製品を作り出すのに力を注いだ。

▶出題意図　면서도, 이나, 는 데

면서도は逆接の면서に助詞の도が接続したものである。이나はこの文脈では列挙の意味で訳すのがよい。는 데についてはポイント81を参照のこと。

2）　소득이 늘고 건강에 대한 관심이 높아지면서 2000년대는 바야흐로 와인의 시대를 맞은 것 같다.

　　所得が増えて健康に対する関心が高まるにつれ，2000年代にはまさにワインの時代を迎えたようだ。

▶出題意図　에 대한, 면서, 은 것 같다

높아지면서を「高くなりながら，高まると同時に」と訳したのでは不自然である。「高まるとともに」は正解。

3）　거물급 스타의 때 아닌 요청에 당황했지만 흔쾌히 응해 줬다.

　　大物スターの時ならぬ要請に慌てたが，快く応じてやった。

▶出題意図　때 아닌, 어 주다

거물급を漢字で書くと「巨物級」になる。「大物クラス」と訳してもよいだろう。때 아닌の逐語訳は「時でない」であるが，文語的に「時ならぬ」と訳すと自然な日本語になる。「思いがけない」と訳してもよい。흔쾌히のあとには그의 요청에（彼の要請に）が省略されている。

4） 그들 형제가 무거운 마음으로 목욕탕에서 땀에 젖은 옷을 벗고 있는데 아버지가 손수 뜨거운 물이 든 양동이를 들고 와서 내려 놓았다.
彼ら兄弟が重い気持ちで風呂場で汗に濡れた服を脱いでいると，父が自らお湯が入ったバケツを持ってきて下に置いた。

▶出題意図　무거운, 는데, 뜨거운

무거운と뜨거운はどちらもㅂ変則形容詞の現在連体形である。5. 5で述べたように，운で終わる場合はㅂ変則の可能性が最も高い。この文脈での는데は「していると」という前置きの意味で使われている。든の原形は드다ではなくて들다である。この文には들다が2回現れるが，든は「入る」，들고は「持つ」である。

5） 한국과 일본은 지리적으로 가까워 비슷한 점도 많지만 분명 차이도 있습니다.
韓国と日本は地理的に近いので似ているところも多いが，明らかに違いもあります。

▶出題意図　적으로, 가까워

가까워はㅂ変則形容詞の連用形である。분명（分明）は분명하다との関連で考えると名詞のように見えるが，분명히と同様に副詞として用いられる。

6） 술이 과했던 형이 자기도 모르는 사이에 소화기의 안전핀을 뽑고 손잡이를 눌렀습니다.
お酒を飲みすぎた兄が自分も知らないうちに消火器の安全ピンを抜いてレバーを押しました。

▶出題意図　는 사이에, 눌렀습니다

술이 과했던の逐語訳は「酒が過ぎた」である。손잡이は「取っ手，握り」であるが，レバーのことである。눌렀습니다の原形は누르다である。9. 1（2）および3. 4（4）を参照のこと。

7） 역사 학습은 과거 사실로서의 역사를 바르게 이해하는 데에서 출발해서 궁극적으로는 현재를 살고 있는 우리들의 성장을 기약하는 것이다.
歴史学習は過去の事実としての歴史を正しく理解するところから出発し，究極的には現在を生きている我々の成長を約束するものである。

▶出題意図　로서의, 는 데에서, 적으로는

로서의は로서（として）＋의（の）と分析できる。적으로는はポイント73を参照のこと。

8） 내가 좋아하는 작가의 글이 떠올랐다.
私の好きな作家の文章が頭に浮かんだ。

▶出題意図　내가 좋아하는, 떠올랐다

「私の好きな」は「私が好きな」と訳しても構わないし，その方が「誰が誰を好むのか」という関係が明確になるが，ここでは日本語として使用頻度の高いほうを採用した。この点に関する作文上の注意事項については『間違いやすい韓国語表現100　中級編』p.82を参照のこと。떠올랐다の原形は떠오르다である。

9） 하객 1천여 명은 깔끔하게 정장을 차려입은 신랑과 새하얀 드레스로 눈이 부신 신부를 뜨거운 박수로 축복했다.
祝賀客1千名余りはスーツをすっきりと着こなした新郎と真っ白なドレスでまばゆいばかりの新婦を熱い拍手で祝福した。

▶出題意図　1천여 명, 정장, 새하얀

1천여 명の逐語訳は「1千余名」であるが，現代日本語として通じやすい表現を採用した。정장は「正装」ではなく「スーツ」と訳すのがよい。새하얀の原形は새하야다でも새하얗다でもなくㅎ変則の새하얗다である。눈이 부신の逐語訳は「目がまぶしい」である。

10） 평소 잘 걷지 않던 사람이 갑자기 걸으면 오히려 몸에 해로울 수 있다.
普段あまり歩かない人が急に歩くとむしろ体に害になることがある。

▶出題意図　던, ㄷ変則, ㅂ変則, 可能性

걷지 않던は「歩かなかった」であるが，不自然なので「歩かない」と訳した。ㄹ語幹には으면ではなくて면が付くので, 걸으면は걸[다]＋으면ではなくて걷[다]으면と分析するのが正しい。해로울の原形は해롭다である。この場合の을 수 있다は可能性を表し,「ことがある」と訳すのが適切である。

発展読解練習 9 日本語に訳してみよう。

太陽が昇りました。空には雲一つ〈1〉なく，日差しがじりじりと照りつけます。今日は暑い日に〈2〉なりそうです。森では鳥が楽しくさえずる声が聞こえます。涼しい風が吹いてきます。木の枝が少し揺れます。リスが木の上に登っていくのが見えました。リスの頬はドングリで膨らんでいます。一組の猿が木を上り下りします。木の上では母猿が子猿〈3〉を抱いています。子猿はお乳を吸っています。

野原では蝶が飛んでいます。蝶はこの花からあの花へと飛び回ります。向こうから蜂が飛んできます。蜂は花から蜜を集めて巣へ運びます。蜂は六角形の巣を作って住みます。働き蜂が一所懸命仕事をし，女王蜂が卵を産みます。

野原の真ん中に川が流れています。川辺には黄色いタンポポが咲いています。蛙がゲロゲロ騒がしく鳴いています。水の中でメダカの群れが泳いでいます。

〈1〉점は雲を数える助数詞である。

〈2〉더운 날씨の逐語訳は「暑い天候」である。

〈3〉아기は「赤ん坊」である。

実用文読解 9

文章全体を日本語に訳してみましょう。

祝日の食べ物　チャプチェ作り

元日を迎え，今日は韓国の伝統料理であるチャプチェを作ってみます。あれこれ炒めるのが煩わしくて普段あまり調理をしない〈1〉食べ物です。私自身〈2〉久しぶりに作るような気がします。皆さん，チャプチェを作ったときに麺がふやけて〈3〉お困

りになったことがありますよね[4]。今日私がお教えしたとおりになさればふやけずにいつも腰のあるおいしいチャプチェを召し上がることができます。それでは，まず材料を紹介しますね。3，4人分です。計量はご飯用のスプーン[5]でしました。

・春雨 200g，豚肉（ロース）100g，玉ネギ 1/2個，ニンジン 1/3個，ほうれん草 2握り，シイタケ 3枚（シイタケの代わりにヒラタケを入れても構いません[6]。キクラゲもあれば良いです。野菜は白・赤・緑など彩りを合わせて入れれば[7]見た目も味も良いチャプチェになります。）
・肉の下味用調味料：醤油 2匙，酒 1匙，砂糖 半匙，ゴマ油 1匙，ニンニクのみじん切り 半匙
・春雨の調味料：醤油 5匙，砂糖 2匙，ゴマ油
・その他：塩，醤油，砂糖，サラダ油，ゴマ油，いりごま

まずはじめに春雨を冷水に30分ほど浸して戻してください。その間にほかの材料を準備すれば時間がぴったり合います。次に豚肉に下味を付けておきますね。キッチンタオルでトントンと叩いて血を取り除いてください。それから先ほどの肉の下味用調味料にひたして軽くもみ，冷蔵庫でしばらく寝かせておきます[8]。豚肉の代わりに牛肉を使っても構いません。

玉ネギとニンジンは千切りにしておいてください[9]。シイタケは食べやすい大きさに切って醤油 1匙，ゴマ油 1匙，砂糖少量を入れて下味をつけてください。ほうれん草はお湯でさっと湯がいてから塩，ゴマ油，いりごまを入れて和えておいてください。

いよいよ材料を炒めていきましょう[10]。熱したフライパンで玉ネギ，シイタケ，ニンジン，肉の順にそれぞれ別々に炒めます。色と調味料が薄いものから濃いものへと順に炒めます。玉ネギとニンジンは炒めながら塩で軽く味付けをしてください。

次は春雨の準備です。まず先ほど説明した春雨の調味料を全部混ぜて予め準備しておきます。春雨を熱湯で7，8分程度茹でれば十分です。春雨の袋に書かれている[11]時間を参考にしてください。茹でた春雨は冷水でさっとゆすいでから，ざるで濾して水気を取ります[12]。そしてフライパンにサラダ油を入れて茹でた春雨と予め作っておいた春雨の調味料を入れて水気がなくなるまで炒めてください。人によって味の好みが異なるので味付けを見ながら調味料の量を調節してください。

炒めた春雨を冷ましてから，準備しておいたほかの材料と一緒に混ぜて和えて下

さい。好みに合わせて醤油やゴマ油などを加減しながら入れてください。最後にいりごまを振りかければ完成です。

〈1〉逐語訳は「作って食べない」である。

〈2〉「私自身」に相当する表現は原文にないが，意味が明確になるように補った。

〈3〉불어서は活用練習3-12）の解説で述べたように，불다のみならず붇다にも戻る可能性がある。ここでは，前後関係から붇다（ふやける）に戻ることに気付いてもらいたい。

〈4〉逐語訳は「困ったことがおありでしたよね」である。

〈5〉日常生活でご飯を食べるときに使うスプーンは平たい形で，大匙と小匙の中間程度の大きさである。

〈6〉逐語訳は「お入れになっても構いませんしね」である。

〈7〉逐語訳は「入れてくだされば」である。

〈8〉逐語訳は「冷蔵庫にしばらく入れておいてください」である。

〈9〉逐語訳は「千切りにしておいてくださいね」である。

〈10〉逐語訳は「材料を炒める順序です」である。

〈11〉逐語訳は「製品説明書にある」である。

〈12〉逐語訳は「取り除いてやります」である。

LESSON 10

基本読解練習 10 日本語に訳してみよう。

1）고전경제학에서는 사람들이 자기 이익을 극대화하려고 합리적인 계산에 따라 경제 활동을 한다고 믿고 있다.
古典経済学では，人間は自分の利益を極大化させようと合理的な計算によって経済活動を行うと信じている。

▶出題意図　사람들이，려고，따라

사람들이の逐語訳は「人々が」であるが，文脈に合わせてより抽象的な表現を採用した。따라の原形は따르다である。

> 2）젊은 직장인에게 야근 하면 떠오르는 것이 무엇이냐고 물으니까 설문 조사에 응한 한 응답자는 짜장면이라고 답했다.
> 若い会社員に残業と言えば思いつくものは何かと聞いたところ，アンケート調査に応じた一人の回答者はジャージャーメンと答えた。

▶出題意図　야근, 이냐고, 으니까, 이라고

직장인は「職場人」の漢字音であるが，日本語としては「会社員」が適切である。야근は「夜勤」の漢字音であるが，韓国語では夜勤だけでなく残業も야근という。야근 하면は야근이라고 하면の이라고が脱落した形式である。물으니까は묻[다]（尋ねる）＋으니까と分析できる。「尋ねたところ」と訳しても正解である。설문 조사は「設問調査」の漢字音であるが，日本語としては「アンケート調査」が適切である。응답자は「応答者」の漢字音であるが，日本語としては「回答者」が適切である。

> 3）감자에 많이 들어 있는 비타민C는 암세포의 증식을 둔하게 하고 발암물질의 발생도 억제한다고 한다.
> ジャガイモにたくさん含まれているビタミンCはガン細胞の増殖を鈍らせ，発ガン物質の発生も抑制するそうだ。

▶出題意図　들어, 둔하게 하고

들어の原形は들다と듣다の2通りの可能性があるが，この文脈に合うのは들다である。들어 있는の逐語訳は「入っている」であるが，文脈に合わせて「含まれている」と訳した。둔하게 하고の逐語訳は「鈍くし」である。

> 4）우리에게는 그 상황을 충분히 극복할 수 있을 것이라는 신념이 있었다.
> 我々にはその状況を十分に乗り越えられるはずだという信念があった。

▶出題意図　극복할, 을 것이라

극복할は「克服する」と訳しても構わない。을 것이라는は推量の을 것이다が引用形式の을 것이라고 하다となり，現在連体形語尾の는が接続した後で고 하が脱落したものである。

5） “가족이시죠? 많이 닮으셨네요.”
「ご家族でしょう? とてもよく似ていらっしゃいますね。」

▶出題意図　죠, 네요

가족이시죠? の逐語訳は「ご家族でいらっしゃいますよね」である。
닮으셨네요は닮았다に尊敬の시が挿入され，さらに네요が接続したものである。
ポイント㉒を参照のこと。

6） 육지에서 멀리 떨어진 섬에서는 무엇을 먹고 사느냐고 물었다.
陸地から遠く隔たった島では何を食べて暮らしているのかと尋ねた。

▶出題意図　떨어진, 느냐고, 물었다

この文脈における떨어지다は「落ちる」ではなくて「隔たる」である。사느냐고は살[다]＋느냐＋고と分析できる。また, 물었다の原形は물다ではなくてㄷ変則の묻다である。

7） 한번 떠맡은 이상 제가 책임지고 처리할게요.
一旦引き受けたからには私が責任をもって処理します。

▶出題意図　한번, 은 이상, ㄹ게요

한 번と分かち書きされている場合は回数の「一回」を示すが, 한번と続け書きされているときは「試しに一度，一旦」という意味になる。떠맡은 이상の逐語訳は「引き受けた以上」である。

8） 과거에는 제조업을 일으키는 것과 주변 환경을 오염시키지 않는다는 것은 모순처럼 보였으나, 이제 꼭 그렇지는 않다.
かつては製造業を興すことと周辺の環境を汚染しないということは矛盾のように思えたが, いまや必ずしもそうではない。

▶出題意図　시키다, 지 않다, 꼭

오염시키다は「汚染させる」よりも「汚染する」が適切である。지 않다が二度出

現するが，活用が異なる点に注目すること。꼭は部分否定で訳すこと。

9） 나에게 독서는 숨을 쉬는 것처럼 자연스러운 일이다.
私にとって読書とは呼吸をするように自然なことだ。

▶出題意図　나에게, 는 것처럼

나에게は「私に」と訳すよりも「私にとって」と訳すほうが文脈に合った日本語になる。독서는は「読書は」と訳すよりも「読書とは」と訳すほうが文脈に合った日本語になる。

10） 달 탐사 위성 '가구야'가 H2A로켓 13호에 실려 성공적으로 발사됐다고 발표했다.
月探査衛星 ‘カグヤ’ がH2Aロケット13号に搭載され，発射に成功したと発表した。

▶出題意図　실려, 성공적으로

실려の逐語訳は「載せられ」である。성공적으로 발사됐다の逐語訳は「成功的に発射された」である。

発展読解練習 10　日本語に訳してみよう。

ある日，仲の良い友人3人で海辺にある村に旅行に行きました。その村までは高速バスに乗って２時間かかりました。３人は村に到着した後，釣りもし，水泳もしました。夕方にはホテルで新鮮な魚をお腹一杯食べました。ビールも８本も飲みました。

翌朝〈1〉，従業員が勘定書きを持って部屋に来ました。３人は20万ウォンずつ，合計で60万ウォンを支払いました。従業員が宿泊費をフロントに持っていったところ，支配人が５万ウォンを値引きしてくれました。５万ウォンを受け取った従業員は廊下に出てこのように考えました。「返すべきお金は5万ウォンなのにお客さんは3人だ。私が2万ウォンを取って，１万ウォンずつ返すほうが計算しやすい。

ここで問題です。お客さんは20万ウォンずつ払って後で1万ウォンを受け取ったので一人当たり19万ウォンずつ払ったことになります〈2〉。19万ウォン掛ける3は57万ウォンでありそれに従業員が懐に入れた〈3〉2万ウォンを加えれば59万ウォンになります。残りの1万ウォンはどこに行ったのでしょうか。

〈1〉逐語訳は「翌日の朝」である。

〈2〉逐語訳は「払った計算です」である。

〈3〉逐語訳は「持った」である。

内容確認問題 この話の矛盾点を考えてみよう。

57万ウォンには従業員が懐に入れた2万ウォンが含まれている。これと支配人が受け取った55万ウォンを加えれば57万ウォンになるので過不足なく計算が合致する。

実用文読解 10

日本ではカラスは不吉なイメージを持っていますか。

韓国ではカササギは吉鳥，カラスは凶鳥という認識がある。カササギが鳴けば懐かしい訪問者が来ると考え，反対にカラスを見れば運が悪いと言い鳴き声も嫌う。しかしカラスについて否定的な認識しかないわけではない〈1〉。カラスは自分の母が老いれば虫を捕まえてきて母に食べさせる〈2〉という話がある。だからカラスは親孝行な〈3〉鳥だという肯定的なイメージも持っている。日本におけるカラスに対するイメージはどうだろうか。神話に登場する伝統的なイメージは神の使いとして崇拝される動物であったという。しかし現代では都心でゴミ袋を破って（人間に）迷惑をかけたり〈4〉，頭のよいのが狡猾なイメージと結びついてカラスを嫌う〈5〉人が増えたようだ。

キツネは韓国で否定的なイメージが強い動物だ。韓国の昔話には九尾狐という9本の尻尾をもつ〈6〉キツネが登場するが，魅惑的な女性の姿をして現れ，人を惑わして害をなす悪い存在として描写されることが多い。しかし，日本や中国ではファムファタール（魔性の女）のような女性のイメージももちろん存在するが，知恵深い老人の姿で現れたり，神または神の使いを代弁することもある。日本にある稲荷神社ではキツネが神の使いの役目を果たしている。

このように動物に対するイメージは日本と韓国で似ている場合もあり異なる場合もある。蛇が持つ邪悪なイメージ，犬が持つ忠実なイメージはことさら違わない。その反面タヌキとクマに対するイメージは異なる。日本では狡猾な人を時々タヌキにたとえるが〈7〉，韓国の場合タヌキに対する特別なイメージはない。一方，韓国では愚かだったり行動がのろい人をクマのようだというが，日本の場合クマに対する否定的なイメージはないようである。

〈1〉 逐語訳は「認識だけがあるわけではない」である。

〈2〉 逐語訳は「母にあげる」である。

〈3〉 逐語訳は「孝心が深い」である。

〈4〉 逐語訳は「被害を与えることもあり」である。

〈5〉 逐語訳は「好まない」である。

〈6〉 逐語訳は「尻尾が 9 本ぶら下がった」である。

〈7〉 逐語訳は「タヌキにたとえて話すが」である。

内容確認問題

1） ① カラスには悪いイメージだけがある：×，② キツネに対するイメージは日本と韓国で異なる：○，したがってⓒが正解。

2） ① カラスは日本神話に登場する：○，② 韓国で愚かなイメージを持つ動物はクマだ：○，したがってⓐが正解。

韓国語読解ポイント100リスト

1 「住む」と「暮らす」

2 ～에 가다/오다と～를 가다/오다

3 의の不使用〈1〉

4 내년에는

5 내년에도

6 －습니다/습니까〈1〉

7 －습니다/습니까〈2〉

8 이/가と「は，が」

9 動詞の終止形の訳し方

10 이/가と은/는の交替〈1〉

11 母音語幹とㄹ語幹〈1〉

12 배웁니다と납니다

13 종입니다と죽입니다

14 이/가と은/는の交替〈2〉

15 接尾辞の－하다〈1〉

16 接尾辞の－하다〈2〉

17 이것은 시다

18 이와 같은　比況の表現〈1〉

19 이/가と도の交替〈1〉

20 여기요と저기요

21 이/가と도の交替〈2〉

22 결혼하셨습니까?

23 에게/한테と「ところ」〈1〉

24 우리〈1〉

25 우리〈2〉

26 을/를と은/는の交替

27 을/를と도の交替〈1〉

28 時の名詞＋이면

29 어느 것이

30 시간 있으세요?

31 을/를と도の交替〈2〉

32 낚시도 갑니다

33 다음 주 목요일까지

34 助詞・語尾＋指定詞이다

35 제 우산이 없다と제 우산이 아니다

36 이/가と은/는の交替〈3〉

37 이/가と도の交替〈3〉

38 이것도 저것도 아니다

39 누가

40 옆집と이웃집

41 한자로 된 말

42 자는と파는と가시는

43 죽은と들은と실은

44 母音語幹とㄹ語幹〈2〉

45 모두

46 助詞・語尾＋主格助詞이/가

47 助詞・語尾＋이/가 아니다

48 ～에서…까지「～から…まで」

49 의の不使用〈2〉

50 連体形 것은 아니다 ～するわけではない，～なわけではない

76 動作対象の表現

77 動作主体の表現

78 関連性の表現

79 아주, 너무, 매우

80 아직 멀었어요

81 語尾の－는데と連体形＋形式名詞の－는 데

82 살고 있다と살아 있다

83 면서

84 본의 아닌

85 여러と여러 가지

86 가능한 빨리

87 곧の範囲

88 앉아 주세요

89 들の訳し方〈1〉

90 들の訳し方〈2〉

91 그분 소개시켜 주세요

92 시내 구경 시켜 주세요

93 개

94 죽을 준비 해라

95 회수권

96 잠을 자다

97 몸을 담궜다と김치를 담았다

98 아침 점심 저녁

99 도서관부터　順序の起点

100 걸었다, 걸면, 걸으면, 걸은

文法項目索引

た

な

は

ま

著者略歴

油谷幸利（ゆたに　ゆきとし）

1949 年京都市生まれ。京都大学文学部言語学科，同大学院修士課程修了。
ソウル大学大学院国語国文学科に留学。同志社大学名誉教授。
研究分野：日韓対照言語学，韓国語語彙論，韓国語情報処理。

[主要業績]

『日韓対照言語学入門』(白帝社),『小学館韓日辞典』(小学館),『小学館日韓辞典』(小学館),「現代韓国語の動詞分類—アスペクトを中心に—」『朝鮮学報』第 87 輯（朝鮮学会），「朝鮮語 CAI の研究」『朝鮮学報』第 153 輯（朝鮮学会),「接続形式における日韓対照研究」『朝鮮学報』第 198 輯（朝鮮学会）

金亨貞（きむ　ひょんじょん）

東北学院大学教養学部言語文化学科准教授。
専門は韓国語統合論・意味論，韓国語教育学。
延世大学校大学院国語国文学科国語学専攻博士課程修了。

[主要業績]

「작용자로서의 ‘NP 에게’ 와 ‘NP 에’」（作用者としての「NPege」と「NPe」）『국어학』（国語学）第65集,「韓国語名詞句の有生性階層−助詞「에게（ege）」・「에（e）」との接続関係を中心に−」『GR—同志社大学グローバル地域文化学会紀要—』第3号

韓国語読解ポイント100　初級から中級編

2020 年　9 月 10 日　初版発行

著　者　油谷幸利・金亨貞
発行者　佐藤康夫
発行所　白帝社
〒171-0014 東京都豊島区池袋 2-65-1
TEL　03-3986-3271　FAX　03-3986-3272
E-mail　info@hakuteisha.co.jp　http://hakuteisha.co.jp/
組版所　株式会社アイ・ビーンズ
印刷・製本　ティーケー出版印刷

Printed in Japan　ISBN 978-4-86398-392-2

◆本書の追加・訂正情報があれば掲載しています。
http://hakuteisha.co.jp/book/b525157.html